Анна Погребняк

Тирания тревоги

Как избавиться от тревожности и беспокойства

альпина
ПАБЛИШЕР

Москва, 2020

УДК 159.923
ББК 88.5
   П43

Научный редактор Иван Кириллов
Редактор Анна Туровская

Погребняк А.

П43 Тирания тревоги: Как избавиться от тревожности и беспокойства /
Анна Погребняк — М. : Альпина Паблишер, 2020. — 150 с.

ISBN 978-5-9614-3617-4

Откуда берется тревога? Как справиться с беспокойством? Почему
одни люди наслаждаются жизнью, а другие тратят часы на тревожные
переживания, даже если в их жизни все хорошо?

Как работает мозг у тревожных людей?

Автор книги, практикующий психолог Анна Погребняк, доступно
рассказывает о самых разных тревожных состояниях — от легкого
беспокойства до панической атаки. Вы узнаете, какие упражнения
помогут вернуть самообладание, научитесь держать эмоции под кон-
тролем и чувствовать себя комфортно в любой обстановке и любом
окружении.

УДК 159.923
ББК 88.5

ISBN 978-5-9614-3617-4

Оглавление

Введение

Многие из нас ищут «лекарство» от тревоги и беспокойства. Кто-то не отказался бы от таблетки от негативных
или навязчивых мыслей. Тревога и связанные с ней расстройства широко распространены во всем мире. Каждый из нас в те или иные моменты жизни испытывает
кратковременную тревогу: выступая публично, увольня-
ясь, устраиваясь на работу, вступая в брак либо отправ-
ляясь на свидание вслепую. Но порой по каким-то причинам тревога выходит за рамки нормальной и длится
до нескольких недель или даже лет, доставляя человеку
существенный дискомфорт.

Долгое время темой моих научных интересов явля-
лись нарушения питания. Я работала с клиентами, которые были недовольны своим телом. Бо́льшая часть этих
людей имели (или думали, что имеют) избыточный вес.
Были и такие, чьи тела выглядели безупречно благодаря ежедневным утомительным тренировкам. Встре-
чались также люди из мира спорта и фитнеса. Довольно
скоро я поняла, что у них, несмотря на различия в весе
и фигуре, имелось нечто общее. Всем была свойственна
повышенная тревожность. Абсолютное большинство

моих клиентов не умели справляться с эмоциями. Многие из них заедали тревогу и беспокойство — расслаблялись, подобно наркоманам, с тем лишь отличием, что еда не вызывала зависимости и была доступной. Кто-то подавлял тревожность, садясь на жесткую диету и изматывая себя физическими нагрузками. Неспособность клиентов к эмоционально наполненной жизни подтолкнула меня отойти от темы пищевых нарушений и всерьез заняться вопросом тревожности и тревожных расстройств. В этой книге я хочу рассказать о своем опыте работы над этой проблемой, поделиться необходимыми знаниями и помочь читателям улучшить качество жизни.

Тревожность и тревожные расстройства значительно ухудшают жизнь. Вы можете отказываться от всего, что вызывает страх и беспокойство. Возникает избегающее поведение. Многие перестают посещать общественные места, летать на самолете или ездить на метро. Но, что бы вы ни предпринимали, беспокойство не уходит. И чем сильнее тревога, тем больше вы хотите избавиться от нее, часто прибегая к неэффективным и даже опасным средствам. Один из самых распространенных и одновременно наихудших способов борьбы с тревогой и беспокойством — это уход от нормальной жизни.

Проблема заключается в следующем: никто не учит нас эффективным методам преодолевать страхи, регулировать эмоции и справляться с тревогой. Психологическая и психотерапевтическая помощь развита недостаточно, что объясняется ее дороговизной и, как следствие, недоступностью для большинства людей. И хотя сегодня интернет предоставляет широкие возможности для самообразования, необходимо уметь отличать достоверную информацию от ненадежной. К сожалению, общедоступные материалы часто бывают непроверенными и даже вредными. И потому человеку, который охвачен тревогой и долгое время живет в постоянном изматывающем состоянии, бывает проще выбрать избегание. Уйти от проблем элементарнее всего. В этом, на первый взгляд, есть логика: если что-то вызывает страх или дискомфорт, легче уклоняться от источника, доставляющего неприятные ощущения. И вы наверняка тоже так думаете. Уверяю вас, это ловушка. Избегание помогает краткосрочно, однако в перспективе только ухудшает состояние. Только изменив привычные мышление и поведение, можно забыть об изматывающей тревожности и начать жить полноценной жизнью.

Эта книга призвана превратить тревогу в то, чем она и должна быть, то есть в полезный и эффективный инструмент. Из первой части издания вы узнаете больше о тревоге, из второй — о причинах повышенной тревожности: мыслях, эмоциях, ошибках мышления, убеждениях и поведении. В третьей части книги мы поговорим о том, как вы стали тревожным, в четвертой — об осознании проблемы и о том, что нужно делать, чтобы справиться с сильной тревогой. Последняя часть книги посвящена техникам самостоятельной работы. Я рекомендую прочитать книгу от начала и до конца, тогда вы сможете вникнуть в проблему, осмыслить все детали и лучше понять самого себя. Это издание о вас. Благодаря ему вы сумеете лучше узнать себя. Изменить мышление и поведение, научиться регулировать эмоции и действовать эффективно. Вы сможете взглянуть на себя, людей и жизнь иначе. Я искренне верю, что все это поможет вам справиться с проблемой тревожности и значительно улучшить свою жизнь.

Тревога выходит из-под контроля

Вы можете жить с тревогой многие месяцы и годы, даже не подозревая об этом. Для вас она станет настолько привычной, что не появится ощущения, будто что-то не так. Если тревога выходит из-под контроля и начинает мешать нормальной жизни, немногие в нашей стране идут к специалистам. Как правило, люди обращаются за помощью только при наличии сильных физических симптомов: бессонницы, постоянных усталости и слабости, утомляемости, повышенного давления, учащенного сердцебиения, боли в груди и др. В таких случаях обычно посещают врача общей практики или терапевта в городской больнице, поликлинике, частной клинике. Специалист может диагностировать вегетососудистую дистонию (ВСД) — несуществующий, отсутствующий в Международной классификации болезней недуг. (Диагностика ВСД широко распространена в России, хотя во всем мире такая практика отсутствует.) Понятно, что мнимую болезнь пытаются лечить, но встает вопрос: есть ли эффект? Чаще всего за ВСД скрывается тревожное расстройство. Между тем к помощи психотерапевтов прибегает малый процент людей. Хотя детальная диагностика и своевременное обращение к нужному специалисту принесли бы результаты довольно скоро.

Существует множество причин, почему мы лечим не то и не там. Самая важная — это нехватка знаний о проблеме чрезмерной тревоги и недостаток просвещения по вопросам психологии. Еще одна причина — отношение общества к психотерапии. Последняя, наряду с психологической помощью, в России ассоциируется с лежанием на кушетке и беседой, содержание которой мало чем отличается от дружеского разговора за чашкой чая. В то же время весь остальной мир понимает, что данный вид терапии оперирует различными научно обоснованными методами. Среди них есть когнитивно-поведенческий подход; сегодня он является золотым стандартом нефармакологического лечения тревожных расстройств.

Замечу, что сама по себе тревожность может быть симптомом других заболеваний. Тем не менее, если физически вы здоровы, а психоэмоциональное состояние после рекомендованного лечения не улучшается, помощь следует искать у психологов и психотерапевтов.

Как понять, что тревога вышла из-под контроля? Как ведут себя, о чем думают и что чувствуют люди с чрезмерной тревогой? В какой момент приходит осознание того, что проблема есть, человек может встать и открыто заявить: «Здравствуйте, мне 35 лет, и у меня нездоровая тревожность»?

Тревожный клуб

Люди с выходящей за рамки тревогой, сами того не зная, состоят в закрытом специфическом клубе. Назовем его «Тревожный клуб». Каждый член «Тревожного клуба» осознанно или неосознанно сделал все, чтобы быть в него принятым. Если вы читаете эту книгу, вам это тоже удалось. Вас можно назвать «почетным членом». Как и сотни тысяч других людей, вы придерживались особых требований, думали и действовали определенным образом. Потому и оказались в «Тревожном клубе». Но, если вступление в это сообщество не являлось сознательной целью, поздравлять вас не стану. Я предложу ознакомиться с правилами, которые вы продолжаете соблюдать, чтобы оставаться тревожным человеком с сомнительным членством в не самом приятном клубе.

5 правил «Тревожного клуба»

1. Никому не говори о «Тревожном клубе»

Кто-то знает о своей чрезмерной тревоге, а кто-то пока находится в неведении. Но и те и другие никому о ней не рассказывают. Большинство людей могут испытывать мучительные переживания, при этом не обращаться за поддержкой. Одним стыдно и неудобно делиться чувствами и эмоциями. Другие считают, что ничего такого, о чем стоило бы рассказать близким или друзьям, не происходит. Третьи и вовсе не понимают, что необоснованная и сильная тревога является нездоровым явлением. Бóльшая часть людей с выраженной тревожностью не получают помощи, потому что молчат о проблеме или не до конца ее осознают.

2. Ожидай опасностей и ищи их повсюду

Член «Тревожного клуба» — очень занятой человек. Он постоянно сканирует окружающее пространство на наличие опасности. Может везде и во всем искать подвох или надвигающиеся проблемы. И чаще всего находит. Привычку повсеместно видеть негатив и неприятности легко спутать с предусмотрительностью и осторожностью. Однако непрестанный поиск и непрерывное ожидание опасности и есть характерная черта тревожности. Может казаться, что неприятности поджидают повсюду, а потому всегда следует оставаться начеку. Замечу: ожидание опасности всегда страшнее самой опасности. Благодарить за это стоит наше богатое воображение.

3. Раздувай любую опасность до межгалактических масштабов

Когда человек долго выискивает сложности, проблемы и неприятности, он их рано или поздно находит. Если опасность обнаружена даже в самом безопасном месте, значит, он начал действовать согласно правилу «Нашел проблему — придумай самое страшное, чем все может закончиться». В народе это называют делать из мухи слона. Многие думают, что с ними случится что-то плохое: уволят, не хватит денег, супруг или супруга уйдет к другому, кто-то подставит, обманет или сам человек попадет в аварию. Даже если произошло что-то незначительное или еще вообще ничего не произошло, до мельчайших подробностей продумываются самые страшные и катастрофические последствия. В воображении проблема раздувается до гигантских масштабов. Вырабатывается привычка представлять самые худшие сценарии возможного развития событий для самых разных ситуаций. Но делается все это не просто так. Человек пытается продумать детали катастрофы, чтобы ее предотвратить. Ну и что, если чаще всего катастрофа существует лишь в его фантазиях. Он им верит.

4. Пытайся все и всегда контролировать

Когда проблема раздута до вселенских масштабов, а игра воображения принята за реальность, ожидается, что все произойдет именно так, как нафантазировано. То есть вымысел приравнивается к действительности. И поскольку в воображении все и вправду выглядит очень пугающе, начинают предприниматься активные действия, чтобы этого не произошло. Характерная черта члена «Тревожного клуба» — стремление все контролировать. Он пытается не допустить, чтобы сценарий «из головы» воплотился в реальность, контролируя ничего не подозревающих близких и семью, контролируя себя и свою жизнь.

Как-то раз ко мне обратилась женщина, которая давно состояла в «Тревожном клубе». Она постоянно придумывала самые плохие сценарии развития событий и сгущала краски. Когда что-то не поддавалось контролю, воображение рисовало ей ужасающие сцены. Как-то ее муж не брал трубку. Она позвонила раз, затем другой. Дальше забеспокоилась: «Что, если…», — и уже не смогла остановиться. В голову полезли страшные картины, как муж попал в страшную аварию, съехал с моста или, не уследив за дорогой, оказался на встречной полосе. В какой-то момент женщина поверила собственным фантазиям и принялась думать, что так все и произошло на самом деле. Тогда она начала звонить родителям, коллегам и начальнику мужа.

Те не смогли дать вразумительного ответа, и она почувствовала, что у нее вот-вот случится сердечный приступ. Подскочило давление, сердце стало бешено колотиться, дыхание — перехватывать. Женщина не могла усидеть на месте. Но ситуация разрешилась звонком встревоженного супруга, который, забыв телефон в машине, все это время находился в супермаркете. С мужчиной все было в полном порядке.

Человек, который пытается все контролировать, находится в состоянии постоянной психологической и физиологической мобилизации. Люди, охваченные тревогой, страхом и переживаниями, не умеют расслабляться. Всегда находятся в напряжении, от чего сильно устают.

5. Избегай дискомфорта

В какой-то момент человек убеждается, что мир очень опасен и его сложно контролировать. Но как же тогда обезопасить себя? На ум приходит самый очевидный ответ: избегать любых проблем и опасностей. Тревожный человек решает попросту увиливать от всего, что может доставить дискомфорт. На первый взгляд, такое поведение может казаться логичным. Если человек боится попасть в аварию, то игнорирует любой вид транспорта. Боится, что кто-то причинит ему вред, — избегает людей. Если боится не справиться с работой, уклоняется от ответственных и сложных заданий. Все это на время уменьшает тревогу и позволяет сэкономить силы и нервы. Человек привыкает обходить стороной пугающие, неконтролируемые и кажущиеся опасными ситуации. Но с целительной силой избегания не все так просто.

Я работала с молодой девушкой по имени Лиза. Она с раннего детства описывала себя как тревожного человека. Но до 25 лет все в ее жизни складывалось более-менее нормально. Потом появился молодой человек, отношения с которым развивались довольно непросто. Лиза работала в небольшой фирме, где часто общалась с клиентами. Это доставляло девушке дискомфорт, но с работой она справлялась. Лиза посещала фитнес-клуб и проводила досуг с парнем. В какой-то момент отношения завершились болезненно для девушки, и ее тревога усилилась. Из-за сильного беспокойства Лиза не могла нормально взаимодействовать с клиентами, стала взвинченной и раздражительной. Убедила себя поискать менее людное место работы, где было не нужно так много общаться, и уволилась. Незаметно для себя стала избегать досуга, развлечений, перестала посещать фитнес-клуб. Любая ситуация, где она могла бы почувствовать дискомфорт, избегалась. Лиза не заметила, как ее жизнью завладели тревога и беспокойство. Стресс от разрыва послужил толчком к усилению тревоги, а стратегия избегания лишь ухудшила ситуацию.

Чем сильнее тревожность, тем больше человек старается избегать различных ситуаций, людей, событий. Он может перестать посещать общественные места, отказываться от развлечений, походов в кинотеатры и занятий в фитнес-клубе. В более сложных случаях люди могут уклоняться от поездок на метро, перестают летать на самолетах или даже удаляться от дома.

Стратегия избегания на первых порах кажется эффективной. Но, к сожалению, следование ей только усиливает тревогу. Приходится увиливать от все новых и новых ситуаций, которые ранее не вызывали чувства тревоги.

Спустя время даже незначительные события способны провоцировать беспокойство и вызывать дискомфорт. В самых запущенных случаях даже простой выход из дома становится проблемой. Но подобное происходит не за один день. Это длительный процесс, связанный с неэффективным мышлением и поведением.

Член «Тревожного клуба» думает о плохом, выискивает негатив и постоянно беспокоится.

Если вам свойственна повышенная тревожность, вас редко посещают позитивные мысли. Бóльшую часть времени вы повсюду ищете опасность. Вы настолько привыкаете к тревоге и волнению, что начинаете считать свое состояние нормальным. Можете даже считать, что если не будете беспокоиться, то упустите проблемы и позволите неприятностям произойти.

Волнение и тревога становятся досадным «оберегом»: пока вы тревожитесь, то думаете, будто что-то контролируете.

Тревога заставляет погружаться в себя, фокусироваться на собственных проблемах и мыслях. Когда вы пребываете в таком состоянии, то не слишком хорошо видите реальный мир.

Ситуация развивается в прямо противоположном направлении: стараясь не допустить катастрофы снаружи, вы зацикливаетесь на себе и собственных мыслях. Везде видите опасность. Но именно это и мешает вам трезво взглянуть на вещи. Поэтому на самом деле вы ничего не контролируете, а оценку действительности искажает тревога. Даже если произойдет то, что потребует действий, вы не сможете отличить настоящую угрозу от мнимой. Ваша природная «сигнализация» сломалась. Настоящие события, хорошие или плохие, происходят в реальном мире, а не в воображении. Нужно вернуться к трезвой оценке происходящего и починить «сигнализацию», которая работает круглосуточно, не принося никакой пользы.

Если вы видите очевидные минусы повышенной тревожности и хотите покинуть «Тревожный клуб», необходимо выбраться из круговорота собственных мыслей и переживаний в реальный мир. Перенести внимание с себя на то, что происходит вокруг. Начать искать и находить разную, а не только негативную информацию. Чтобы вырваться из-под власти тревоги, нужно научиться отличать мысли и игру воображения от того, что происходит на самом деле. Ниже вы найдете исчерпывающую информацию, как это сделать. Вам помогут также техники; чтобы добиться прогресса, их потребуется выполнять регулярно. Но для начала важно признать проблему, стать открытым новым впечатлениям, запастись желанием и терпением. От тревожности избавляются не за один день.

Рекомендую рассказать близким или тем, кому доверяете и в ком уверены, страшную тайну о том, что вы состоите в «Тревожном клубе». Вам необходимы поддержка и понимание. Лучше всего, если это будет человек, который не испытывает проблем с тревожностью или справился с ними. Он может стать вашим проводником в реальный мир. Попросите его о помощи. Когда ваше беспокойство или тревога станут выходить за рамки, он сможет вас «заземлить». Если такой человек появится, вам будет проще учиться преодолевать чрезмерную тревогу.

Как понять, что вы состоите в «Тревожном клубе» и беспокойство стало вашим верным спутником?

- Никому не рассказываете о переживаниях, мыслях и эмоциях из-за стыда, страха, неуверенности или убежденности: то, что происходит, нормально.

- Ищете негатив повсюду, считая самые незначительные ситуации потенциально опасными.

- Делаете из мухи слона.

- Пытаетесь все и везде контролировать и считаете беспокойство полезным, поскольку так вы всегда начеку.

- Избегаете дискомфорта, ситуаций, людей и событий, которые способны вызвать тревогу и беспокойство.

Так ли плоха тревога?

У Анастасии была выраженная, доставлявшая дискомфорт тревожность. Внезапно, без всяких причин женщина начинала испытывать неприятные физические ощущения: жгло в области груди, учащалось дыхание, она принималась волноваться, не могла сосредоточиться, чувствовала приближающуюся опасность. Анастасия в течение года посещала психолога; они разговаривали о детских травмах, определялись с предназначением. Но проблема только усугублялась. Когда женщина обратилась ко мне, тревожность успела перерасти в хроническую и проявлялась беспричинно в любое время. Анастасия ненавидела собственное состояние и хотела полностью избавиться от доставляющей неприятные переживания тревоги. Я сообщила женщине, что человек на это не способен, но от нездоровой тревожности избавиться вполне может. Состояние Анастасии ухудшало также то, что она тревожилась о самой тревоге. Устранить проблему у женщины не получалось, что само по себе усиливало беспокойство. В данном случае и без того высокую тревожность усиливало мнение Анастасии относительно природы тревоги.

Наверняка вы тоже хотели бы навсегда избавиться от неприятных переживаний. И это можно понять. Многие с ужасом ожидают очередной «волны», которая накатывает в самый неподходящий момент. Но можно ли полностью избавиться от тревоги? И так ли она плоха на самом деле?

Первобытная тревога

Представьте себе одного из наших древних предков. Пофантазируем, о чем он мог бы думать, если бы оказался на приеме у первобытного психолога или психотерапевта.

— Знаете, док, у меня проблема. Я постоянно беспокоюсь. Меня одолевает сильная тревога. Добыть еду для меня — целое приключение. За день до охоты я мучаюсь бессонницей. Все время думаю. Получится ли на этот раз завалить мамонта? Будет ли удачной охота? Что, если не удастся поесть в ближайшую неделю? Да еще это проклятое открытое пространство. Вы видели? С любой стороны может напасть хищник. Мне кажется, что все вокруг хотят есть. Вдруг я стану чьим-то обедом? Еще я заметил, что сосед как-то подозрительно смотрит на мою женщину. Что, если меня выгонят из племени? Тогда я умру. Мою женщину заберет сосед. Пещеру ограбят. Я стараюсь не привлекать к себе внимания и держаться дружелюбно, чтобы не случилось чего. Но если хищник не нападет, свои не выгонят, женщину не уведет сосед, вдруг нападет чужое племя?

Скорее всего, наш предок, если бы мог, поделился бы подобными переживаниями. Что вполне понятно. Как сохранить свою жизнь, если ты беззаботно медитируешь и расслабляешься? Существует ли шанс выжить, добывать еду и быть готовым защищаться от реальной опасности, не прибегая к помощи тревоги?

Скорее всего, наши предки были очень тревожными. Выжить в такое суровое время и в таком суровом месте мог только тот, кто внимательно смотрел по сторонам и был готов к нападению, атаке или бегству. Менее настороженный беззаботный древний человек наверняка не оставил потомства.

Тревога — важный эволюционный механизм, помогающий выживать.

Быть начеку и вовремя замечать опасность — вот что требовалось, чтобы сохранить жизнь и здоровье. Именно для этого каждый и «получил» тревогу. Сейчас мир стал безопаснее, но эволюционные механизмы остались прежними.

Тревога — важный эволюционный механизм, эмоция, помогающая человеку своевременно обнаруживать опасность и принимать меры. На протяжении всей истории человечества тревога помогала людям выживать в сложном и нестабильном мире.

Как понять, что тревога вышла за рамки и перестала быть нормальной

Тревожные расстройства являются самыми распространенными среди психических расстройств. Характерный признак избыточной тревоги — трудность или неспособность точно определить, о чем именно беспокоится и чего боится человек.

Чрезмерная тревога может свидетельствовать о наличии тревожного расстройства. Однако поставить такой диагноз может только врач-психотерапевт или психиатр.

Тревога может выражаться в виде физических ощущений: учащенного сердцебиения, чувства нехватки воздуха, жжения и дискомфорта в районе солнечного сплетения, дрожи, мышечного напряжения, головокружения и т. д. Также она способна проявляться на ментальном уровне — как сильное беспокойство, смутные предчувствия, иррациональный страх и т. д.

Тревожные расстройства являются причиной серьезных проблем, в том числе нетрудоспособности людей. Симптомы высокой тревожности: сочетание физического возбуждения, навязчивых и беспокоящих мыслей и очень неприятных ощущений.

Критерии, которые помогут понять, является ли тревога чрезмерной:

- она может возникнуть без веской причины;
- она имеет очень высокую, неприятную интенсивность;
- она длится дольше, чем повседневная тревога, иногда недели или месяцы;
- она оказывает существенное негативное влияние на социальную жизнь, работу и отношения в семье или с близкими и т. д.;
- она вынуждает прибегать к нездоровому поведению: избеганию проблем, людей, ситуаций; злоупотреблению психоактивными веществами или алкогольными напитками.

Мозг людей с нездоровой тревогой работает особым образом:

- повышается внимание к угрозам;
- утрачивается способность различать наличие угроз и их отсутствие;
- формируется неэффективное, якобы устраняющее дискомфорт поведение, например избегание;
- развивается острая реакция на неопределенные ситуации и отсутствие тотального контроля;
- появляется склонность переоценивать проблему и ее последствия.

Когда тревога становится настоящей проблемой: тревожные расстройства и как они развиваются

Ко мне обратилась Валентина, женщина среднего возраста, в одиночку воспитывающая сына-подростка. Проблема заключалась в следующем: ребенок не хотел ходить в школу, плохо успевал, много времени проводил с друзьями, не ночевал дома. Я пригласила их на совместную встречу, на которой увидела замученного, равнодушного ко всему подростка и его встревоженную мать. Каково же было мое удивление, когда между делом женщина рассказала, что вот уже некоторое время (речь шла о годах) по несколько раз в неделю переживала странные и очень неприятные «приступы». Она практически не выходила из дома, а походы в магазин и другие дела во внешнем мире поручила сыну. На мой вопрос, почему женщина не покидает квартиру, она ответила, что боится повторного возникновения «приступов».

Что за загадочные «приступы» случались у Валентины? Все это время она, даже не догадываясь, жила с паническим расстройством и переживала панические атаки. Как и многие люди с теми или иными видами тревожного расстройства, не понимала, что с ней что-то не так.

Валентина не искала помощи, не думала, что ей нужна терапия. Если знать это, уже не кажется удивительным, почему сын выглядел замученным и обессилевшим. Ему приходилось выполнять обязанности родителя и жить в нездоровой, тревожной обстановке. У парня просто не оставалось сил и желания заниматься собственными жизнью и учебой.

Подобная ситуация не уникальна. В нашей стране многие живут с тревожным расстройством и не подозревают об этом. Одни считают, что данное состояние возникает из-за усталости на работе и стресса. Другие уверены, что все находятся в схожем положении. Такие взгляды связаны с недостатком знаний и непониманием сути вопроса. Однако проблема высокой тревожности касается не только одного человека. Чаще всего его тревога «ударной волной» расходится по всей семье.

Мы влияем на окружение, точно так же, как и оно на нас. Мне приходилось наблюдать случаи, когда человек выходил из разрушительных условий и деструктивной среды, и у него исчезали симптомы повышенной тревожности. Вполне возможно, что в вашем случае среда действительно играет какую-то роль, впрочем, как и ваши проблемы сказываются на тревожности ваших детей и т. д.

Если в представленных выше критериях тревожности вы узнали собственные симптомы, следует принять все меры, чтобы справиться с проблемой. Вполне возможно, что вы уже длительное время, сами того не зная, живете с тревожным расстройством. Диагностировать его может только врач, но имеет смысл больше узнать о видах заболеваний. В основе любого тревожного расстройства, как следует из названия, лежит выходящая за рамки нормальной тревога и сильный страх. В какой момент тревога переходит границы и становится психическим расстройством? Что на это влияет? Специалисты спорят о точных причинах, но сходятся во мнении, что это взаимосвязь биологических, психологических и социальных факторов.

Специфические фобии

Американского психолога и бихевиориста Джона Уотсона считают весьма жестоким человеком. Именно он в 1919 г. на территории Университета Джонса Хопкинса (Балтимор, США) провел знаменитый эксперимент «Крошка Альберт». Целью исследования было вызвать реакцию страха, которая ранее отсутствовала. Для опыта из приюта взяли девятимесячного мальчика по имени Альберт. Малышу показывали белого кролика и другие белые предметы, которых он не боялся. Затем Уотсон начал формировать у ребенка чувство страха. Пока крошка Альберт играл с белой крысой, исследователь бил железным молотком по металлической пластине так, чтобы ребенок не видел, откуда исходил громкий звук. Спустя время малыш стал избегать белой крысы и плакать при виде ее. У мальчика сформировался иррациональный страх в отношении ранее нейтрального стимула. Мы можем говорить о возникновении фобии.

Фобические расстройства связаны с наличием стойких иррациональных страхов (фобий). Последние могут переходить на различные объекты, а также на обстоятельства и ситуации. В случае с Альбертом боязнь белой крысы со временем распространилась на другие белые предметы. Фобии вызывают сильную тревогу. Наилучшим решением проблемы люди с таким расстройством считают избегание пугающих ситуаций или объектов. Например, если человек боится пауков, он способен страшиться леса, так как в нем могут быть пауки. Его пугают и упоминания вполне нейтральных мест, потому что он ассоциирует их с тем, чего боится. Он может бояться даже изображения страшащего предмета, причем так же сильно, словно тот настоящий.

Генерализованное тревожное расстройство

Для генерализованного тревожного расстройства (ГТР) характерна длительная неопределенная тревога. Согласно одной из теорий, ГТР развивается, когда накапливается много специфических страхов.

Представьте себе человека, попавшего в аварию. Он был сильно напуган, растерян и все это время слышал громкий вой сирен. Возможно, его издавала скорая помощь, спешившая к нему, возможно, проезжавшие мимо авто, а возможно, полицейская машина. В любом случае незаметно для человека произошла генерализация стимула: травмирующая ситуация слилась с посторонним стимулом, в данном случае с воем сирены. Впоследствии пострадавший способен начать волноваться и сильно беспокоиться, заслышав любые громкие звуки (не обязательно сирену). В такие моменты он будет испытывать сильную тревогу, страх, но не понимать, с чем это связано. В жизни мы можем сталкиваться с различными травмирующими, пугающими, неприятными ситуациями. Каждая из них способна вызвать реакцию страха на несколько стимулов, напрямую с самой собой не связанных. Когда подобных стимулов становится критически много, страх может перерасти в ГТР.

Социальное тревожное расстройство

Мужчина средних лет по имени Дмитрий холост, живет с матерью, ходит на работу, которую в народе назвали бы непрестижной. Бо́льшую часть времени проводит дома. У него практически нет друзей, он избегает походов в магазины. Мужчине очень хочется завести отношения, начать общаться с людьми, больше зарабатывать. Но он страшится, что его унизят и отвергнут. Дмитрий боится других людей и их вероятного мнения о нем. Думает, что он неудачник, и чувствует себя очень плохо. Мужчина не уверен в себе и имеет низкую самооценку. Страх мешает ему завести анкету на сайте знакомств, заговорить с понравившейся незнакомкой и отправить резюме на вакансию с высокой зарплатой.

У Дмитрия социальное тревожное расстройство, которое проявляется в сильном беспокойстве по поводу общения с другими людьми. Если вам знакома социальная тревожность, вы, скорее всего, избегаете контактов с обществом, не выступаете публично, боитесь знакомиться. Вы можете думать, что другие осудят вас, будут насмехаться, унизят или отвергнут. Любое взаимодействие с людьми вызывает у вас сильную тревогу.

Паническое расстройство

Валентина, мать сына-подростка, о которой я рассказывала выше, страдает от панического расстройства, для которого характерно возникновение панических приступов — панических атак. Паническая атака — это внезапное переживание сильного дискомфорта, страха или тревоги. Такой приступ сопровождается неприятными ощущениями, учащением сердцебиения, появлением дрожи или озноба.

Люди с паническим расстройством больше всего боятся повторения приступов. Чтобы избежать панических атак, они могут избегать ситуаций, в которых приступы уже случались или, по предположениям, возникли бы в будущем. Например, перестать посещать фитнес-клуб, кинотеатры и торговые центры. Такое поведение не избавляет от панического расстройства и приводит к значительному ухудшению качества жизни.

В большинстве случаев с паническим расстройством связана агорафобия.

Посттравматическое стрессовое расстройство

Посттравматическое стрессовое расстройство (ПТСР) может возникнуть после переживания чрезвычайных травмирующих обстоятельств. Жертвы сексуального насилия, участники военных действий или происшествий часто страдают от этого расстройства. ПТСР может развиться также в ситуациях, которые субъект оценивает как травмирующие. В основе ПТСР лежит психическая травма из-за воздействия сильного стрессора. При этом человек может получить ее и как непосредственный участник событий, и как свидетель происшедшего. ПТСР свойственны навязчивые воспоминания о случившемся (они могут возникать в виде флешбэков — внезапных сильных переживаний), которые пострадавший пытается всячески подавить или забыть. Любое упоминание о травмировавшем событии вызывает у человека сильную тревогу, стресс, чувство вины или стыд. Наилучшим решением для себя он видит избегание любых упоминаний о случившемся.

COVID-19, пандемия и страх заражения

В декабре в 2019 г. в китайском городе Ухань провинции Хубэй произошло то, что разделило нашу жизнь на «до» и «после»: были зафиксированы первые случаи заражения новым вирусом. В конце декабря 2019 г. о вспышке нового заболевания была проинформирована ВОЗ, Ухань закрыли на карантин.

Мир жил спокойно, обыденно, поскольку счел то, что случилось в китайской провинции, локальной историей. Люди продолжили путешествовать. Мои коллеги делились впечатлениями о конференциях и семинарах, на которых присутствовали спикеры со всего мира. Никто не мог подумать, что вирус из провинции в Китае не только затронет всю планету, но и изменит жизнь миллионов людей.

Что интересно, еще задолго до объявления пандемии многие стали вести себя крайне осторожно. Некоторые женщины перестали ходить с детьми в места массового скопления людей — кафе и кинотеатры. Люди, особенно те, что привыкли доверять своим чувствам, пошли на поводу у собственной интуиции, пока весь мир еще был спокоен. Здесь мы снова имеем дело с тревогой и страхами. Страх, который проявляется сильнее всего во время пандемии, — это страх заражения.

Страх заражения

Страх заражения возник не вчера, и виной ему отнюдь не пандемия коронавируса 2019–2020 гг. Страх заражения сопровождал людей во все времена. Если сравнить коронавирус со смертоносными болезнями прошлого, можно лишь посочувствовать нашим предкам, столкнувшимся лицом к лицу с чумой и холерой. Последние, к слову, вспыхивали с завидной регулярностью на протяжении нескольких веков. Неудивительно, что многие люди боятся заражения. Это естественный страх, который помогал нашим предкам сохранять жизнь. Мы столкнулись с новым вирусом, и бояться в этой ситуации — нормально. Нормально быть растерянным, предусмотрительным и осторожным.

Но, как и тревога, этот страх может выйти за рамки нормы. Тогда мы можем говорить, что страх перестает быть адаптивным, сковывает свободу человека и ухудшает качество его жизни. Так было, например, с Еленой. Елена нашла меня несколько лет назад и попросила о встрече по Skype. Длительное время женщина скрывала от всех, что ее мучают навязчивые мысли и страх заражения. Она думала о том, что повсюду бактерии, болезнетворные микробы, вирусы, грязь и множество жидкостей, выделяемых людьми (слюни, пот и т. д.). Такие мысли вызывали у женщины сильный страх и тревогу.

Чтобы унять тревогу и избавиться от мыслей, Елене требовалось совершать навязчивые действия: часто мыть руки и обрабатывать их санитайзером. Если мысли не уходили, женщина снова и снова мыла руки. Она часто обрабатывала дверные ручки в квартире, краны, не трогала ничего голыми руками в общественных местах. Не прикасалась к деньгам, не ходила в кафе и кинотеатры, как огня боялась общих уборных. Елена не жила нормальной жизнью.

Навязчивые мысли о заражении сопровождали женщину везде и всюду. Мытье рук не помогало надолго избавиться от мыслей. Они становились все более неприятными.

Если мы посмотрим на проблему Елены, то увидим два важных момента: навязчивые мысли и избегающее поведение, чтобы избавиться от повышенной тревоги. Пример Елены — это крайний случай. В основе обсессивно-компульсивного расстройства (ОКР) лежат навязчивые пугающие мысли (обсессии) и навязчивое поведение (компульсии). Еще недавно ОКР относилось к тревожным расстройствам, но сегодня выделяется в отдельную категорию. На встрече я предложила Елене обратиться к врачу-психотерапевту — для верной диагностики и, по необходимости, назначения лечения.

Мы поговорили с женщиной о том, что вирусы, бактерии и заболевания существовали во все времена. И нет причин, чтобы они перестали существовать впредь. Проблема же касалась ее навязчивых мыслей обо всем этом. Важным для Елены было осознание, что мысли о заражении не равны заражению. Мысли — это не реальность. До этого момента Елена думала, что она ненормальная.

Мы обсудили с ней, что в предусмотрительности и чистоплотности нет ничего ненормального. Это позволило нашим предкам выжить.

Проблема лишь в сверхпредусмотрительности, в навязчивых мыслях и действиях. Все это усиливает тревогу и страх, изолируя человека не только от бактерий, но и от жизни.

В непростые времена, в опасных условиях стоит делать то, что советуют эксперты и ВОЗ, но не стоит позволять тревоге и страху выходить за рамки нормы, парализовать. Тревога и страх помогают выживать, но, как вы знаете из этой книги, чрезмерная тревога и иррациональный страх мешают действовать и жить. Когда «сигнализация» сломана, она бесполезна.

Вирус, кризис и экзистенциальные вопросы

Ситуация с распространением коронавируса принесла в мир не только глобальный экономический кризис, но и кризис экзистенциальный. Коронавирус и связанные с ним карантин и самоизоляция задели экзистенциальные ценности, которые были значимы для людей во все времена: свобода и зависимость, жизнь и смерть, бессмысленность, изоляция, смысл, одиночество и т. д. Ситуация в мире заставила каждого из нас задуматься об этих вещах, пересмотреть свою жизнь.

В мирное, «довирусное» время многие люди не задумывались о том, что жизнь конечна, о том, что мир на самом деле нестабилен и непредсказуем. Каждый жил своими интересами, пребывая в иллюзиях. Но вирус и последовавший за ним кризис заставили всех нас задуматься о жизни. Самоизоляция и карантин обнажили проблемы, которые люди раньше не замечали. Пандемия изменила планы. Никто не был готов к такому повороту событий.

Эрих Фромм считал, что изоляция является первичным источником тревоги.

В этих условиях усиление тревоги нормально. Но есть и хорошие новости, то, что утешает: осознание того, что весь мир столкнулся с этой проблемой, вирус и кризис коснулись всех. А значит, никто не одинок. И мы все вместе будем выбираться из этого, отряхиваться и подниматься на ноги. Все вокруг увидели, насколько мир связан, насколько люди связаны между собой.

Мы коротко рассмотрели наиболее распространенные тревожные расстройства: ГТР, ПТСР, фобии, паническое и социальное тревожное расстройства. Диагностировать тревожное расстройство может только врач-психиатр или психотерапевт. Тревожное расстройство редко бывает «чистым». Как правило, у человека могут иметься признаки и других тревожных расстройств. Тревожное расстройство значительно влияет на жизнь и трудоспособность, встречается гораздо чаще, чем депрессия. У человека с тревожным расстройством в дальнейшем может развиться депрессия, алкогольная или наркотическая зависимость. Также мы поговорили о пандемии COVID-19, из-за которой многие столкнулись с чрезмерной тревожностью, паникой и другими проблемами. Мы обсудили страх заражения, а также экзистенциальные проблемы, которые обнажил вирус.

Беспокойство

Мария, как говорится в народе, любила себя накручивать. Все начиналось с мысли: «Что, если...» Беспокойство имело над ней большую власть. Женщина не осознавала, что сама позволяла своим мыслям делать из незначительного события настоящую катастрофу. Мария беспокоилась, кажется, обо всем на свете. Так, после каждой ссоры с мужем думала: «Что, если он бросит меня?» И начинала верить мыслям, что супруг способен ее оставить. Мысли бежали дальше: «Что я буду делать? Останусь совсем одна. У меня нет возможности снимать квартиру в одиночку. Придется переехать к родителям. Они примутся критиковать». Беспокойные мысли еще больше усиливали тревогу женщины. Но она продолжала думать: «Вернусь к родителям, придется искать работу, начинать всю жизнь с нуля. Как и где я найду мужчину? Кому мы будем нужны с ребенком? Как я буду все успевать?» Мария полностью убеждала себя: воображаемый сценарий непременно реализуется, потому что она так подумала.

Проблема в том, что Мария верила собственным мыслям, не подвергала их сомнению. Но она не единственная, кто находился и находится во власти беспокойства. Его испытывают многие, однако у некоторых беспокойство становится избыточным и даже патологическим.

Чем беспокойство отличается от тревоги?

Когда мы говорим о тревоге, то подразумеваем эмоционально окрашенное переживание высокой или низкой интенсивности, которое связано с предчувствием опасности и ожиданием угрозы. При этом ощущения размыты: вы можете чувствовать, что случится нечто неприятное, но когда, куда и откуда придет это «нечто», неизвестно. Беспокойство же является формой тревоги. Для него характерны *повторяющиеся мысли или образы, связанные с неопределенностью в будущем.*

В тревоге, как вы узнали выше, есть эволюционный смысл. Для чего нужно беспокойство? Имеет ли оно хоть какое-то значение? Имеет, но при условии, что беспокойство продуктивно.

Беспокойство продуктивно, если:

- проблема (ситуация), которая вызывает беспокойство, реальна;

- проблему (ситуацию) можно решить или повлиять на нее в ближайшем будущем;

- сохранен трезвый взгляд на вещи, без накручивания, отсутствуют ошибки в мышлении;

- помогает продуктивно функционировать, например заставляет подготовиться к экзамену или важной встрече;

- отсутствует драма, не предвидится худший сценарий развития событий, а представляются также положительный и нейтральный исходы.

Беспокойство непродуктивно, если:

- не подлежит контролю;

- отличается интенсивностью;

- характеризуется регулярностью и устойчивостью;

- беспокоящие события не имеют смысла или отношения к реальности;

- представляется только один вариант развития событий — самый худший из возможных;

- имеется множество деструктивных убеждений и ошибок мышления;

- проблему нельзя решить в ближайшее время.

Попробуйте свести волнующие ситуации и проблемы в таблицу по образцу табл. 1 и проанализируйте, какое именно у вас беспокойство: продуктивное или непродуктивное.

Таблица 1. Анализ типа беспокойства

О чем вы беспокоитесь	Вид беспокойства
О том, что вечером в магазине закончится любимый творог	Непродуктивное
О завтрашнем экзамене	Продуктивное
О том, что подумают люди, когда на следующей неделе приду на первое групповое занятие по фитнесу	Непродуктивное

Вы можете беспокоиться о самых разных вещах, начиная с несущественных мелочей и заканчивая глобальными вопросами.

Екатерина беспокоилась о маникюре: что не найдет мастера, который сделает все идеально. Беспокоилась, что маникюр выполнят плохо. Волновалась насчет стерильности инструмента, хотя индивидуальный пакет обычно вскрывался при ней. Когда Екатерина нашла подходящего мастера, стала беспокоиться, что в следующий раз тот сделает маникюр хуже. Волновалась, что он переедет или поднимет цену на услуги. Девушка постоянно думала обо всем перечисленном и была совершенно измотана.

Если вы склонны волноваться обо всем на свете, то могли часто слышать от близких, друзей и знакомых советы наподобие «Перестань беспокоиться», «Хватит себя накручивать», «Незачем волноваться», «Думай позитивно». В них есть доля истины, но, к сожалению, они не помогают справиться с беспокойством. Невозможность «взять и перестать» может вызвать еще большее волнение. Такое состояние называется «беспокойство о беспокойстве».

Беспокойство о беспокойстве

Наверняка вы слышали от родных или знакомых, что если они продолжат так сильно беспокоиться, то сойдут с ума или у них случится инфаркт. Вы тоже можете переживать о своем беспокойстве, считать его вредным для здоровья и психики. Так ли опасно беспокойство? В основе беспокойства о беспокойстве лежат наши убеждения. Они усиливают тревогу, а в некоторых случаях даже провоцируют панические атаки.

Важно понимать, что от беспокойства вы не сойдете с ума, нервный срыв или инфаркт не случится. Будучи во власти обратного убеждения, вы начнете себя накручивать, придавать слишком большое значение любым физическим признакам: учащенному сердцебиению, дрожи или боли в животе. Вы станете все сильнее погружаться в себя, зацикливаться на собственных мыслях и эмоциях. Слишком тщательный «анализ» приведет к тому, что вы найдете проблемы там, где их нет. Мыслями и убеждениями вы усилите беспокойство и тревогу, припишете малейшим физическим проявлениям угрожающий характер. Беспокойство начнет казаться вам неконтролируемым. Вы попытаетесь преодолеть это состояние, найти способы успокоиться и избавиться от волнения. Таковыми, вероятнее всего, станут ненужные лекарства, выпивка, излишняя еда и т. п.

Чтобы справиться с беспокойством, важно научиться осознавать момент его начала и отказываться погружаться в круговорот непродуктивных мыслей. Именно они всегда провоцируют беспокойство. Чаще всего такие мысли начинаются с «Что, если…». Ошибки мышления и убеждения, которые приводят к тревоге и беспокойству, мы подробнее разберем в следующей части.

Беспокойство бывает продуктивным и непродуктивным. Научитесь отличать одно от другого. Продуктивное беспокойство связано с реальностью и предусматривает различные варианты исхода, а не только наихудший. Оно помогает решать текущие проблемы. Беспокойство связано с мыслями и убеждениями и часто может начинаться с фразы «Что, если...». Спросите себя, является ли проблема, о которой вы беспокоитесь, важной. Можно ли решить ее сейчас или в ближайшем будущем? Если да, действуйте.

Причины тревоги

Тревога — сложное психоэмоциональное переживание, которое возникает на разных уровнях: физическом, эмоциональном, психологическом, поведенческом, социальном. Вы способны ощущать это состояние всем телом. Но важнее всего то, что ваши мысли, эмоции и поведение могут быть ответственными за возникновение, усиление и сохранение тревожного состояния, поскольку в силу разных причин оказываются неэффективными и работают против вас. В этой части мы поговорим о причинах тревоги, о том, как очистить себя от «помех», научиться думать и действовать эффективно.

Эмоции

Почему многие стараются никому не рассказывать о своих тревоге и беспокойстве? Это может быть связано с нашими представлениями об эмоциях. Некоторые чувствуют себя виноватыми из-за собственных эмоций, стыдятся их. Культура сформировала у нас идеальный образ самих себя, и часто наши переживания не соответствуют этому образу. Например, вы можете считать себя смелым, сильным, трезвомыслящим, но при этом стыдиться, когда становится грустно или страшно. Такие эмоции не соответствуют идеальному представлению о самом себе. Несоответствие реального и идеального способно приводить к мыслям, будто с вами что-то не так. Вы можете думать, что определенные переживания случаются только у вас, у других их не бывает, и говорить себе: «Я не должен грустить, я должен благодарить жизнь за то, что у меня есть», «Гнев — это плохо», «Я злой человек». Когда вам становится стыдно за свои эмоции, часто вы стыдитесь не себя, а других. Стыдитесь, потому что не соответствуете. Вы можете волноваться, что, если остальные узнают о ваших переживаниях, они осудят, унизят или отвергнут вас. Стыд за свои эмоции и переживания заставляет скрывать их от людей.

В нашем обществе действуют негласные правила относительно того, какие эмоции можно испытывать, а какие нельзя. Постыдными считаются гнев, зависть, страх, отчаяние, печаль и др. Стыд загоняет нас в рамки, заставляет подавлять эмоции. В конечном счете множество людей не умеют справляться с эмоциями, регулировать их. При этом сами эмоции никуда не исчезают: они ищут выход, что часто приводит к саморазрушительному поведению.

Максим более 10 лет употреблял наркотики и алкоголь. Ему удалось справиться с зависимостями, заменив их регулярными и интенсивными занятиями спортом. Казалось бы, пример прекрасной работы над собой и разрушительным поведением. Но проблема заключалась в том, что у Максима наблюдалась высокая тревожность и отсутствовали навыки управления эмоциями. Мужчине было сложно понять, что он чувствует. И если раньше, до приобретения зависимости, чтобы успокоиться, он использовал алкоголь и наркотические вещества, то теперь переключился на спорт. Поскольку состояние мужчины быстро улучшалось после тренировок, но это улучшение так же быстро проходило, он заставлял себя тренироваться часто, порой до изнеможения. Боясь возвращения тревоги, Максим старался не оставлять себя в покое ни на минуту, не расслабляться. Год назад он заболел, из-за чего не смог тренироваться в течение месяца. У него вновь появились мысли о выпивке.

Психолог Фрэнк Райан говорит: «Никто не говорит, что курит, потому что у него было тяжелое детство. Все говорят, что курят, потому что им нравится курить»*. Зависимости очень часто связаны с наличием эмоцио-

---

* European Academy of Cognitive Behavioural Therapy, webinar CBT addictions Frank Rayne Ph.D. Clinical Psychologist, 2020.

нальных проблем и тревожности. Не умея справляться с эмоциями, испытывать сильные чувства, многие ищут способ быстро облегчить свое состояние. Выбор часто падает на алкоголь, наркотические вещества и сигареты, поскольку те способны оперативно снять напряжение, пока не вызовут серьезную зависимость и не станут новой проблемой. Максим для преодоления эмоциональных проблем и тревожности использовал запрещенные вещества и алкоголь. Легко проследить, что причинами, на которые впоследствии, как семена в землю, «упали» зависимости, были внутренние проблемы мужчины. Даже справившись с пристрастиями, а по сути, заменив их новыми, мужчина в фоновом режиме продолжал тревожиться и беспокоиться.

Зачем нужны эмоции

Каждый испытывает эмоции. У всех они одинаковы, любому бывает грустно, страшно, одиноко. Психологическое здоровье зависит от того, принимаем ли мы свои эмоции, умеем ли справляться с ними, какие действия совершаем под их влиянием. Эмоции даются при рождении, они важны для жизни, адаптации и выживания. Наверняка вам знакомы люди — особенно их много среди представителей старшего поколения, — которые призывают сдерживать и подавлять переживания. В советских семьях, например, часто не обсуждали чувства, и такое отрицание эмоций негативно сказалось на тех, кто рос в той среде. Как можно было понять, что испытывать эмоции абсолютно нормально, если они отрицались, порицались и игнорировались?

Эмоции необходимы с точки зрения эволюции: они вовремя предупреждали об опасности, сообщали о потребностях. Встреча лицом к лицу с опасным и голодным хищником могла стоить нашему предку жизни. Не бойся он — не смог бы спастись. Страх диктует, что следует делать в опасной ситуации: драться, бежать или притворяться мертвым. Сегодня природа страха не изменилась, однако появились новые причины для беспокойства. Гнев помогает отстаивать права и защищать то, что дорого. Ревность оберегает от соперников и помогает продолжать род. Каждая эмоция о чем-то сигнализирует. Считая их нежелательными, мы теряем связь с собой. Что было бы, если бы мы пренебрегли страхом и не увернулись от ядовитой змеи?

Считая эмоции неприемлемыми, вы отвергаете самих себя, отрицаете естественные и нормальные проявления человеческой природы.

Важно понимать: любые чувства нормальны, вы имеете на них полное право.

Примите свои эмоции и позвольте им быть

Отношение к собственным эмоциям сильно влияет на качество жизни. Например, вам может быть стыдно из-за того, что вы подавлены или находитесь в депрессии. Стыдно из-за тревожности и беспокойства. Стыдно из-за того, что плохо или грустно. В нашем обществе принято быть «легким», счастливым, веселым и довольным. Но никто не рассказывает, что делать с остальными эмоциями. Если бóльшую часть времени вы не соответствуете общественным представлениям об идеальном настроении, можете подумать: «Я не должен так себя чувствовать», «Наверное, я плохой человек», «Со мной что-то не так», «Я слабый». Иными словами, несоответствие мнимым эмоциональным стандартам рождает у нас негативные эмоции по отношению к самим себе, что ухудшает состояние и усиливает тревогу. Когда мы идем на поводу у общественного мнения, то делаем хуже себе. Такие «стандарты» по отношению к эмоциям называют **эмоциональным перфекционизмом**.

Эмоциональный перфекционизм — вера в то, что можно достичь идеального состояния, при котором нет нежелательных эмоций, а есть только те, которые человек считает хорошими и приемлемыми.

Может возникнуть иллюзия, что нужно стремиться к совершенству во всем — даже в области эмоций. Но такой взгляд приводит к психологическим и эмоциональным проблемам. Эмоции нельзя удалить или частично отключить. Их можно подавить различными способами, но это путь в один конец, и он ведет прочь от здоровья. Если вы наберетесь смелости и примете свои эмоции, то станете гораздо счастливее. Обретете связь с самим собой. Сможете доверять себе.

Какие эмоции вы испытывали сегодня? На этой неделе? В прошлом месяце? Какова вероятность, что испытаете их снова? Подумайте, какие эмоции вы считаете неприемлемыми. С чем это связано? Какие считаете приемлемыми? Почему?

Эмоции — это не признак того, что с вами что-то не так. Все существующие эмоции присущи любому человеку. Мы испытываем их ежедневно на протяжении всей жизни. Если вы отказываетесь принимать и переживать эмоции из-за того, что боитесь не справиться с ними или сделать что-то, о чем пожалеете, подумайте вот о чем. Часто мы приравниваем эмоции к поведению. Такое происходит, например, с гневом, неприемлемость которого обусловлена путаницей гнева с агрессией. Но гнев и агрессия — не одно и то же. Гнев — эмоция, агрессия же связана с поведением. И если любые эмоции приемлемы, то некоторые формы поведения недопустимы в обществе, например, агрессия в отношении других людей. Однако поведение — это область, полностью нам подконтрольная. Когда возникают сильные эмоции, вы не теряете власть над поведением. Эмоции не управляют вами. Вспомните ситуации, когда вы, будучи охвачены чувствами и ощущениями, сознательно контролировали свое поведение. Выбирали, что сделать, как поступить. Если вы под влиянием эмоций привыкли реагировать определенным образом, это свидетельствует не о вине переживаний, а о том, что у выработалась поведенческая привычка. Вы можете изменить ее, что не так сложно, как кажется.

Но можно ли управлять не только поведением, но и эмоциями?

Вы можете управлять ими через мысли, поскольку те вызывают эмоции, влияют на них. Отслеживая мысли и работая с ними, вы можете контролировать свои эмоции.

Испытывать любые эмоции нормально. Примите их как данность. Это улучшит качество жизни. Избавьтесь от эмоционального перфекционизма. Помните: вы управляете собственными эмоциями. Вы можете менять мысли и обстоятельства, и это изменит ваши эмоции. Болезненные и трудные эмоции универсальны. Эмоции имеют смысл и нужны для адаптации и выживания. Обращайте на них внимание. Учитесь доверять своим чувствам.

Мысли

Будьте внимательны к своим мыслям — они начало поступков.

Лао-Цзы

Всякий раз, когда чувствуете, что настроение меняется, что начинаете тревожиться, попробуйте вспомнить, о чем думали перед этим.

Беспокойство и тревога всегда следуют за мыслями. Можно назвать такие мысли **триггерами**, провокаторами. Они незаметно меняют наши настроение, самочувствие и состояние.

Триггер (от англ. trigger — спусковой крючок) — причина возникновения события.

Как правило, вы не обращаете внимания, что те или иные мысли провоцируют беспокойство или тревогу, меняют эмоциональный фон. Такие мысли пробегают в сознании, словно тени, проскальзывают незаметно. Но этого оказывается достаточно, чтобы вы зацепились и поверили. Обычно вы замечаете результат, когда, кажется, ни с того ни с сего начали волноваться, огорчаться или бояться.

Марию одолевали многочисленные негативные мысли. Какие-то она осознавала, какие-то пробегали на границе сознания. Но всякий раз у нее портилось настроение, она принималась беспокоиться. Одна мысль появлялась чаще всего, на автомате: «Я неудачница». Размышления Марии начинали развиваться по привычному сценарию, который и портил ей настроение. Девушка думала: «Что со мной не так?» Вопрос оставался без ответа, но появлялось беспокойство, самочувствие ухудшалось. Мария не понимала, что все дело в мыслях: она считала их правдивыми и достоверными. Девушка попадала в ловушку, как и миллионы других людей.

Важно понимать, что мысли запускают механизм беспокойства и тревоги.

Если какая-то мысль способна провоцировать неприятные переживания, стоит присмотреться к ней внимательнее, иначе, не так, как обычно делаете, слепо доверяя всему, что звучит в вашей голове. Посмотрите на «провокатора» как на одну из сотен тысяч других мыслей, которые возникают в течение дня. Когда вы зацикливаетесь на одной, то не осознаете, что она лишь одна из многих, но почему-то вы «выловили» именно ее. Мысли являются событиями только в нашем сознании. Они результат работы головного мозга. Совсем необязательно, что мысли были достоверными, полезными или достойными внимания.

Замечая изменения в эмоциональном состоянии, научитесь отслеживать свои мысли. Если чувствуете, что ухудшилось настроение, усилилась тревога, возникло беспокойство, попробуйте вспомнить, о чем думали перед этим. Какие мысли спровоцировали перемены? Для наглядности занесите их в таблицу, аналогичную табл. 2.

Таблица 2. Негативные мысли и изменение настроения

Мысли	Настроение, эмоциональное состояние
Подумалось, что я неудачница и у меня ничего не получится	Расстроилась, стала волноваться на ровном месте
Подумалось, что пандемия и кризис никогда не закончатся	Почувствовала внезапный и беспричинный страх
Подумалось, что я хуже всех, жена меня бросит и я всегда буду одинок	Разозлился, был раздражен в течение всего дня

Представьте мысли в виде реки. Она течет стремительным потоком. Так и мысли. Появляется одна и исчезает, следом за ней другая. Восточные практики отмечают, как важно научиться отпускать мысли, не попадать в их ловушку. Вам необязательно реагировать на мысли. Вы можете наблюдать за ними отстраненно. Если вы следите за мыслями не как за событиями, а как за бурным течением реки, то сумеете не застревать на них и не начинать беспокоиться.

Юлия сильно боялась отравиться. Ей в голову постоянно приходила мысль: «Что, если я съем что-то не то и отравлюсь?» Она раз за разом шла у той на поводу. Стоило девушке попасть в ловушку мысли, как та разворачивалась в беспокойство и Юля начинала до бесконечности обдумывать следующее: «Начнется рвота. Отравление может быть сильным. Отвезут в больницу. Придется долго лечиться. Что, если мне не смогут помочь? Что нужно сделать, чтобы избежать отравления?» Девушка не осознавала, что ее настроение и состояние всегда меняются из-за одной и той же мысли. Думала, раз в голову ей приходит подобная идея, значит, она верна. Юлия начинала беспокоиться, предупреждать возможное отравление на самом деле. Хотя следовало подвергнуть сомнению правдивость мысли, а после — отпустить ее.

Юлии не давали покоя размышления. Но что, если бы она отнеслась к ним как к чему-то, что пришло в голову без особой причины? Что, если бы она, будучи сторонним наблюдателем, подвергла сомнению неприятную мысль? Юлия подумала бы следующее: «Мысль об отравлении часто провоцирует у меня беспокойство. Она приходит в голову, и я только и занимаюсь тем, что думаю об отравлении. Беспокойство никогда мне не помогало, все становилось только хуже. Мне не нужно размышлять на эту тему. Да, это пришло мне в голову. Так работает мозг. Но верить этому я не обязана. Да и вообще любая мысль не означает, что случится именно так, как я подумала. К тому же в моей жизни не случалось подобного или было одно происшествие в детстве, когда я съела что-то не то, но никто не отвозил меня в больницу, я осталась жива и здорова. Я не пойду на поводу у этой мысли. Пусть она будет. Но я не хочу попасть в ловушку и снова начать беспокоиться. Если захочу сознательно подумать об этом и побеспокоиться, то могу сделать это позже».

Можете заметить: если к мыслям относиться как к тому, что просто иногда приходит в голову, то беспокойство не вызывает опасений и проблем.

Не стоит пытаться подавлять, избегать или контролировать мысли. Сделать это, используя силу воли, невозможно.

Учитесь замечать мысли, отмечать их присутствие, а затем возвращать внимание к реальным делам и заботам. Позвольте размышлениям присутствовать в том объеме, в котором они и были до этого, но не следуйте за ними. Сделайте сознательный выбор — не начинайте рефлексировать вслед за мыслью-триггером. Не попадайтесь в ловушку.

Ваше настроение меняется из-за мыслей. Они провоцируют беспокойство и усиливают тревогу. Часто вы не замечаете такие мысли или автоматически считаете их правдивыми и достоверными. В день в голове, по разным оценкам, пробегает до 100 000 мыслей. Начните относиться к ним как к фоновому шуму. Подвергайте сомнению и научитесь отпускать.

Ошибки мышления

Вы склонны доверять собственным мыслям? Считаете их «своими», а не навязанными или принятыми извне? Задумывались ли когда-нибудь, что некоторые из мыслей могут быть ошибочными? Многие из тех, с кем я работала, даже не задумывались о природе своих мыслей, особенно негативных. Как и вы, могли не думать, что семья, окружение и общество влияют на мысли, которые возникают у вас в голове. Просто присваивали себе те или иные измышления, верили им, не подвергали сомнению. Некоторые клиенты говорили мне, что самоуничижительные мысли наподобие «Я неудачник» или «Со мной что-то не так» перешли к ним «по наследству» от вечно критикующих и недовольных родителей. Тех, кто осознавал воздействие близких и среды, можно назвать осознающими, понимающими проблему людьми. Сложно не верить тому, что когда-то внушили нам семья и окружение. И в этом сокрыта большая ошибка. Отчего-то мы не считаем, что наши друзья, близкие и общество в целом могли заблуждаться и делать неверные умозаключения. Ошибочные, негативные мысли — не просто результат заимствования чужого мнения. Это результат заимствования чужих заблуждений.

Ошибки мышления заставляют делать неправильные выводы о ситуациях, людях, мире и самих себе. Психологи называют такие ошибки **когнитивными искажениями**. Мы перенимаем их или вырабатываем на основе чужих выводов о нас самих и мире.

Поскольку в мышлении содержатся ошибки, мы делаем ошибочные выводы и совершаем ошибочные действия. В итоге приобретаем негативный опыт, который подтверждает негативные мысли. Когда вы научитесь отслеживать и находить собственные когнитивные искажения, увидите их и у остальных. Уже не сможете слепо доверять всему, что говорят. Люди делают ошибочные умозаключения и выводы чаще, чем вы думаете. Рассмотрим наиболее распространенные ошибки мышления.

Черно-белое мышление

Вам наверняка оно знакомо. Вы совершаете эту ошибку всякий раз, когда оперируете только двумя категориями: например, «все или ничего», «хорошо или плохо», «идеально или никак», «победитель или неудачник». Эта ошибка мышления считается наиболее опасной, поскольку вы замыкаетесь только на двух возможных вариантах и не видите, что их огромное множество. Думаете: «Либо я добьюсь успеха, либо я полный неудачник». Но может ли кто-то быть либо абсолютным победителем, либо полным неудачником? Черно-белое мышление похоже на черно-белый фильм. Разглядеть детали не позволяет отсутствие цвета. Черно-белый подход нежизнеспособен. Мышление в таком ключе приводит к депрессии. Жизнь богата полутонами и оттенками. Бывает не только хорошо или плохо. Бывает достаточно хорошо, нормально, отлично, неплохо, удовлетворительно и т. д. Если хотите перестать тревожиться и беспокоиться, стоит задействовать цветное зрение.

Катастрофизация

Характерная ошибка мышления всех людей с тревожностью. Ей свойственна сосредоточенность на самом худшем, что только может случиться. Вы всегда представляете себе самый ужасный исход и делаете из мухи слона. Воображение рисует пугающие картины возможных происшествий, и вы верите, что все именно так и произойдет. Забываете, что ужасающие события разворачиваются только в голове, и уверяетесь: мысли и фантазия предсказывают грядущие события.

Выводы, основанные на эмоциях

Для этой ошибки мышления характерно приравнивать эмоции к реальности. Вы можете думать: «Это так, потому что я так чувствую». При этом не учитываете факты, которые свидетельствуют об обратном. Как и в случае с мыслями, вы придаете большое значение переживаниям и вместо того, чтобы подвергать их сомнению и взглянуть в лицо фактам, верите именно эмоциям.

Ярлыки

Многие из нас склонны навешивать ярлыки. Мы наделяем себя или других бездоказательными характеристиками, как правило носящими негативный оттенок, например «неудачник», «плохой», «никчемный», «глупый», «страшный» и т. д. Таким образом мы обесцениваем себя или свое окружение. Ведь если плохой, значит, ничего хорошего в жизни не светит. Значит, должен страдать. Если никчемный, то нечего и пытаться что-то сделать.

Если неудачник, то заведомо известно, что у него ничего не получится. Такое обесценивающее отношение становится привычкой, и человек начинает постоянно тревожиться. Подумайте: может ли ярлык сказать что-то о сложной личности человека? Конечно, нет.

Обесценивание положительного

Если вы привыкли к беспокойству и тревоге, скорее всего, вам свойственна эта ошибка мышления. Обесценивание положительного — что-то вроде туннельного зрения. Вы видите только плохое, а все, что попадает в категорию хорошего, игнорируется, отрицается и обесценивается. Не придаете значения фактам, драматизируете, например умаляете собственные заслуги и успехи, считая, что просто повезло. Думаете, что на работу приняли, потому что не разглядели как следует или вообще по ошибке, но игнорируете факт того, что вы специалист, достойный ранее вакантной должности. Даже если знаете, что дело завершится хорошо, отрицаете благоприятный итог и ожидаете, что что-то обязательно пойдет не так.

«Чтение мыслей»

Оно создает невероятное количество проблем и постоянно вызывает недопонимание. Этой ошибкой «заражены» многие. Когда «читаете мысли», вы убеждены, что знаете, о чем думают и чего хотят другие. «Он косо посмотрел на меня. Он точно меня ненавидит», — считаете вы и принимаетесь переживать и беспокоиться. Когда думаете за кого-то, то, скорее всего, просто мотаете себе нервы. Наверняка знать мысли другого человека невозможно.

Ваши умозаключения способны привести только к вашим же собственным неприятным мыслям и эмоциям. Вы подумали за кого-то, сделали выводы, испортили себе настроение и от этих мыслей стали тревожиться. Проблема «чтения мыслей» — в опоре на мысли и переживания и полном игнорировании фактов и реальности.

Персонализация

Вы считаете, что являетесь причиной событий, которые на самом деле с вами никак не связаны. В крайнем случае думаете, что катастрофа или происшествие произошли из-за вас или ваших мыслей. (Психологи называют такое мышление магическим, поговорим о нем позже.) Вы также можете полагать, что являетесь причиной чужого плохого настроения или поведения. Например, принимаете на свой счет высказывания грубого покупателя, хотя настроение и поведение того не имеют к вам ни малейшего отношения. Стоит ли говорить, что из-за персонализации вы постоянно чувствуете себя виноватым? Вы думаете, что если что-то происходит, то в этом есть ваша вина. Если брать на себя ответственность за все вокруг, то высокая тревожность или депрессия неминуема.

Чтобы избежать ошибок мышления, необходимо знать о них и опираться на факты.

Важно научиться отслеживать и устранять ошибочные мысли, заменять их на рациональные и адаптивные. Ошибочные мысли искажают восприятие жизни, себя и мира. Когда избавитесь от них, вздохнете свободнее.

В качестве «помощника» предлагаю использовать таблицу, пример заполнения которой показан в табл. 3. Напишите в первой колонке, какие негативные мысли приходят вам в голову, во второй колонке — ошибки и искажения, в третьей — придуманную вами, основанную на фактах самозащиту. Спустя время последняя заменит негативную мысль и позволит посмотреть на жизнь и себя по-другому.

Таблица 3. Негативные мысли, ошибки мышления и самозащита

Мысль	Вид ошибки мышления	Самозащита
Все будет очень плохо	Катастрофизация	Не знаю, как все будет на самом деле. Не умею предсказывать будущее. Могу лишь предполагать. Но возможно, все будет хорошо, нормально или даже никак. Не обязательно плохо. Я постараюсь, чтобы у меня все получилось
Я неудачник	Ярлык	Я не могу описать свою сложную многогранную личность одним уничижительным определением
У меня ничего не получилось и не получится никогда	Обесценивание положительного, черно-белое мышление, выводы, основанные на эмоциях, катастрофизация	Почему я думаю, что у меня ничего не получилось? Что-то же должно было получиться. Я приобрел опыт, знания и навыки. Это уже достижение, которое поможет мне в будущем. Не знаю точно, получится ли у меня это в будущем, но я постараюсь, буду учитывать свой опыт и учиться на ошибках

Миф об опасности и материальности

Вы можете бояться своих мыслей, что происходит по самым разным причинам. Каждый из нас хотя бы раз в жизни слышал, что мысли материальны. Такое деструктивное убеждение может иметь неприятные последствия: например, если вы боитесь собственных мыслей, считаете их неправильными, плохими или опасными, то можете пытаться избавиться от них любыми способами. Но, как вы уже знаете, избавиться от мыслей невозможно. Когда в голову приходят неприятные мысли, вы боитесь, что они могут причинить вред в действительности. В данном случае приравниваете их к реальности. Я рассказывала о похожем феномене, разбирая ошибки мышления: вспомните, например, о катастрофизации. Поскольку вы боитесь мыслей, верите в их силу и способность к материализации, то начинаете предпринимать попытки избавиться от них. И когда терпите закономерную неудачу, начинаете сильно тревожиться. Важно поменять отношение к мыслям. Они не могут оказывать непосредственное влияние на события в реальном мире. Без наших действий мысль — всего лишь результат работы головного мозга. Вспомните: мы уже сравнивали мысли с бурным речным потоком. Плохие, неприятные, пугающие мысли — это только мысли. Не стоит бояться, стыдиться и пытаться подавить их. Станьте сторонним наблюдателем. Мысли приходят и уходят. Они не обладают магической силой. Они ничего не говорят о вашей личности. Они не могут причинить вред без действий с вашей стороны. Позвольте мыслям просто быть, и ваша тревога уплывет вместе с ними по речному течению.

Убеждения

Убеждения — это верования и взгляды, в соответствии с которыми мы строим свою жизнь. Они управляют поведением и волей. Каждый из нас формирует свои убеждения самостоятельно, а также получает их «по наследству» от родителей и близких. На верования и взгляды также воздействуют круг общения, школа, институт и коллектив на работе. Убеждения касаются самых разных сфер жизни. Некоторые из них полезны и помогают нам эффективно справляться с различными жизненными обстоятельствами, выстраивать отношения с окружением, создавать семью, строить карьеру. Но существуют и другие убеждения, которые могут сделать нас глубоко несчастными. Вместе с ошибками мышления деструктивные верования и взгляды провоцируют усиление тревоги, приводят к беспокойству и депрессии.

8 убеждений, которые провоцируют тревогу

1. Я должен всем нравиться

Вы можете думать: «Если не нравлюсь всем, то я неудачник или со мной что-то не так». Это убеждение отражает черно-белое видение мира — рассмотренную ранее ошибку мышления. Те, кто видит мир во всех красках, прекрасно понимают, что нравиться всем невозможно. На одного того, кому вы импонируете, приходится двое равнодушных или испытывающих неприязнь. Так устроена жизнь; это стоит принять, а не лезть из кожи вон в надежде добиться всеобщей симпатии. Ее все равно не будет, а вот эмоциональные проблемы и чувство неудовлетворенности точно появятся.

2. Я должен все делать идеально

Вы можете думать: «Я должен во всем достигать успеха. Если делаю неидеально, значит, я неудачник». Очевидно, что человека с таким убеждением ожидает разочарование. Невозможно все делать идеально и достичь успеха абсолютно во всем. Но можно все делать достаточно хорошо. Чтобы победить, необходимы не перфекционизм, а дисциплина, терпение, регулярная практика и готовность проявлять старание. Если вы выполняете что-то на приемлемом уровне и постоянно прикладываете усилия, рано или поздно у вас все получится.

3. Я не должен ошибаться

Если есть убеждение, что неудачи недопустимы, вы можете излишне завышать планку. Высокие ожидания всегда связаны с высокой тревожностью. Вы все время волнуетесь. У вас нет права на ошибку. И, боясь совершить таковую, откладываете решение каких-то задач. Просчет можете ассоциировать с провалом, глобальной неудачей. Последствия этого убеждения — прокрастинация, боязнь ошибиться, высокая тревожность. Подумайте: можно ли прожить жизнь, не совершив ни одной ошибки? И можно ли быть эффективным хоть в чем-то, если не пробовать и не учиться на приобретенном опыте? Мы ошибаемся. Цена ошибок может быть высокой, но, как правило, мы во много раз преувеличиваем реальные последствия. Позвольте себе время от времени ошибиться, и тревожность покинет вас.

4. Я никогда не должен тревожиться, быть неуверенным, подавленным, смущенным, эгоистичным

У вас могут иметься убеждения насчет того, каким вы должны быть и что чувствовать. Вы верите, что у вас нет права тревожиться, но поскольку тревожитесь по этому поводу, тревожность только возрастает. Вы создаете собственный идеальный образ, который мало соотносится с реальным. И когда естественным образом переживаете неприятные состояния, деструктивные убеждения заставляют вас думать, будто что-то не так, поскольку вы не соответствуете воображаемому идеалу.

Подумайте о том, что вы живой человек и можете быть подавленным, растерянным, встревоженным, смущенным и даже эгоистичным. Все эти состояния не делают вас хуже — они делают вас живым человеком. Ошибка заключается в том, что вы создали нежизнеспособный идеальный образ самого себя и убеждены, что к нему нужно стремиться. Но пока у вас остается это убеждение, вашим верным спутником будет тревожность.

5. Я должен критиковать себя, чтобы стать лучше

Самокритика не помогает стать лучше. Это иллюзия. Чем хуже вы к себе относитесь, тем больше вы себя не любите и меньше принимаете. В основе психического здоровья и эмоционального благополучия лежит здоровая самооценка. Критика, обесценивание или оскорбление самого себя не ведут к повышению самооценки. Если хотите стать лучше, понадобятся позитивный взгляд и здоровая самооценка, которые, в свою очередь, выражаются в сострадании к себе, понимании и принятии самого себя. Только они вкупе с терпением помогают стать лучше.

6. Я должен все контролировать, иначе произойдет что-то плохое

Помните, что, как член «Тревожного клуба», вы пытаетесь все контролировать? Такова диктатура тревожности. Теперь взгляните на реальную жизнь. Вы правда думаете, что способны всем управлять? Даже если заранее купили билеты на самолет и заблаговременно приехали в аэропорт, вы не сумеете предугадать возможную задержку рейса. Вы не сможете контролировать чувства других людей по отношению к вам. Многие события происходят самым неожиданным образом. Вы не способны управлять всем. Чем больше пытаетесь, тем выше тревога.

7. Я недостоин (любви, счастья, благополучия, здоровья)

Это убеждение крайне разрушительно для психики. Как правило, оно «наследуется» от близких и семьи, выдвигавших требования, следуя которым мы могли бы заслужить любовь и одобрение. Неверие в то, что человек чего-то достоин, может преследовать его долгие годы или даже всю жизнь. Глубоко внутри вас живет убеждение, что вы недостойны. Вам следует начать сомневаться в самой постановке вопроса, подумать, а должны ли вы вообще что-то заслуживать. Если мы говорим о любви, то отношения двух зрелых людей строятся на взаимности. Если попытаетесь «заработать» это чувство, то такие отношения вряд ли можно будет назвать здоровыми. Если постараетесь заслужить одобрение других людей, то это тоже придется расценивать как неравные позиции. Убеждение о недостойности — это когда вы изначально считаете себя хуже других и вам нужно прилагать усилия, чтобы хоть как-то сравняться с ними. Но вы не ниже и не хуже. Вы достойны того же, что и окружающие. Начните сомневаться в убеждениио недостойности, посмотрите иначе на то, что пытались внушить родители или окружение.

8. Я должен

Это убеждение — краеугольный камень всех деструктивных верований. На нем остановлюсь подробнее. На разрушительность этого убеждения в своей книге «Невроз и личностный рост. Борьба за самореализацию»* обратила внимание известный психолог Карен Хорни, много писавшая о неврозах, то есть о том, чем ранее считались тревожность и тревожные расстройства. Детство и молодость Хорни прожила в тревоге и сомнениях относительно собственной внешности. Она считала себя непривлекательной и спустя какое-то время решила компенсировать этот «недостаток». «Поскольку я не могла стать красавицей, я решила стать умной»**, — говорила Карен Хорни. Она страдала от депрессии, предпринимала попытки самоубийства, поскольку обладала кое-чем, что сильно осложняло ей жизнь. И этим «кое-чем» была не ее внешность, а установки и убеждения. Они мешают жить огромному числу людей. Карен Хорни, как и многие, находилась во власти слова «должен».

В любой непонятной ситуации ищите слово «обязан» или «должен».

Хорни нашла корень проблем и назвала его «тирания долга». **Тирания долга** — это наши представления о том, как все должно быть. Они отличаются

______

* Хорни К. Невроз и личностный рост. Борьба за самореализацию. — СПб.: Питер, 2019.

** Rubins, 1978, p. 14.

ригидностью, высокой, подчас насильственной требовательностью.

Известный психолог и когнитивный терапевт Альберт Эллис в своей книге «Психотренинг по методу Альберта Эллиса»* писал, что в любой тревожной ситуации, при депрессии и других эмоциональных проблемах следует искать слова «должен» и «обязан».

К проблемам приводят следующие установки:

- я должен;
- вы должны;
- мне должны.

Разберем их подробнее.

Я должен

Я должен делать что-то хорошо и/или получать одобрение важных для меня людей, иначе я просто ни на что не годный человек.

Вы должны

Вы должны относиться ко мне внимательно и справедливо, вы не имеете права разочаровывать или огорчать меня, иначе вы плохой человек.

---

*   Эллис А. Психотренинг по методу Альберта Эллиса. — СПб.: Питер, 1999.

Мне должны

Мне должны предоставляться те вещи и жизненные условия, которые я хочу иметь, меня должны оберегать от любых неприятностей, иначе жизнь становится невыносимой.

Реальная жизнь часто не учитывает наши претензии, но проблемы появляются, если мы не пересматриваем их, а продолжаем неистово требовать что-то от себя, людей и мира. Долженствование всегда приводит к психоэмоциональным проблемам. Избавиться от убеждения «должен» помогает его замена на «хочу». «Хочу» является более гибким, недирективным и не таким ультимативным. Например, подчиняясь слову «должен», вы могли рассуждать следующим образом: «Я должен достичь успеха, иначе жизнь не будет иметь смысла». Такое жесткое, категоричное требование лишает права на ошибку, загоняет в рамки и усиливает тревогу. Но что случится, если получится избавиться от долга? Вы начнете думать примерно так: «Я хотел бы достичь успеха в своем деле, карьере или бизнесе. И постараюсь выполнять работу хорошо. Если достичь успеха не получится, будет неприятно, но не смертельно. Переживу или попробую снова». Почувствуйте разницу. Второй вариант обезвреживает тревогу, дает пространство для маневров и гибкость мышления.

Поведение

Когда вы охвачены тревогой, беспокойством и волнением, вам наверняка хочется как можно скорее избавиться от них. Способы, которые помогли бы расслабиться и успокоиться, ищет каждый. Одни поведенческие стратегии эффективны, другие — лишь ухудшают ситуацию. Повышенная тревожность свидетельствует: скорее всего, вы прибегаете ко второму варианту. Какие поведенческие стратегии усугубляют проблему?

Употребление алкоголя или других наркотических веществ

Это самый распространенный способ борьбы с тревогой и беспокойством. Краткосрочно он помогает забыться и снять напряжение, в долгосрочной перспективе может иметь серьезные последствия. Но главное — справиться с переживаниями он не помогает. Тревога всегда возвращается.

Избегание

Вы можете выбрать избегание интуитивно: если что-то доставляет неприятные переживания, значит, с этим лучше не сталкиваться. Так люди начинают уклоняться от определенных ситуаций, других людей, полетов на самолете, поездок в лифте и т. д. Поначалу стратегия избегания помогает справиться с тревогой, но в ней кроется опасность. Игнорируя любую тревожную ситуацию, вы становитесь сверхчувствительными к тревоге. Список вызывающих дискомфорт обстоятельств постоянно пополняется, и вы начинаете избегать все новых и новых ситуаций. Все это значительно ухудшает качество жизни. Некоторые люди, пытаясь не сталкиваться с неприятными переживаниями, вообще перестают выходить из дома, как, например, это произошло с Валентиной (мы рассматривали ее ситуацию выше). Если человеку весь мир стал казаться опасным и пугающим, все зашло слишком далеко. Избегание — это ловушка.

Переедание

Использование еды с непищевыми целями не приводит ни к чему хорошему. Еда выступает в роли антидепрессанта или психотропного средства. Правда, в отличие от транквилизаторов, она стоит дешевле и не требует рецепта. Также, если сравнивать с психотропными средствами, которых общество опасается и которые не до конца понимает, еда является социально приемлемым средством. Она способна мгновенно воздействовать на организм, вызывая ощущение спокойствия и умиротворения. Но еда не устраняет проблему, не учит регулировать эмоции, и тревога снова возвращается. Переедание грозит множеством других проблем: ухудшением здоровья, лишним весом. Причем в случае с лишним весом появляется новая проблема: от него нужно избавляться. И к ранее имевшемуся вопросу тревожности добавляются новые: переживания из-за тела и соблюдение жесткой диеты. Вы привыкли искать утешение в еде, но диета не позволяет вам делать это, поэтому рано или поздно вы срываетесь и снова принимаетесь переедать.

Получается замкнутый круг. Решив использовать еду не по прямому назначению, вы можете дополнительно заработать нарушения пищевого поведения. При этом тревога никуда не денется.

Подмена одного другим

Чтобы справиться с тревогой и волнением, вы можете обратиться к тому, что считаете здоровой стратегией, — интенсивным занятиям спортом. Активность поможет временно вытеснить переживания. Но вскоре они вернутся. Тогда, чтобы ненадолго вытеснить тревогу и беспокойство, вам придется буквально все свое время заполнять занятиями и другими подобными действиями. Не оставив себе ни минуты покоя, вы уподобитесь белке в колесе. Мои клиенты с подобной поведенческой стратегией говорили, что для них невыносимо остаться наедине с самими собой, — тревога настигала их, как снежная лавина. Спорт и активный образ жизни важны, они помогают поддерживать здоровье и улучшают настроение. Но они не могут быть единственным инструментом. Отдельно взятая нагрузка дает краткосрочный эффект. Она не устраняет проблему тревожности. Вы не можете каждую минуту отвлекать себя. Рано или поздно вы останетесь наедине с собой. Хотя спорт полезен и важен, он неэффективен в качестве поведенческой стратегии, с помощью которой регулируются эмоции и борются с тревогой.

Как мы становимся тревожными

Тревога — сложное состояние. Чем больше вы узнаете о своих ошибках мышления, о деструктивных убеждениях, о поведении и эмоциях, тем лучше начинаете понимать, почему чувствуете себя так, как чувствуете. В этой части поговорим, как мы становимся тревожными и что нужно делать, чтобы это изменить.

Стыд

Стыд тесно связан с тревогой. Мы испытываем стыд, когда уверены, что не соответствуем неким нормам или стандартам. Наши культура, общество и семья предъявляют требования. Часто те завышены и нереалистичны. Если мы думаем, что не соответствуем этим требованиям, то испытываем стыд.

Стыд возникает из-за ошибочных мыслей: «Я плохой», «Со мной что-то не так», «Я проклят», «Я неправильный», «Я недостоин» и др.

Что может послужить поводом для стыда?

- *Внешность*
  Если вы думаете, что ваша внешность не соответствует идеалу или общественным стандартам, такие мысли могут провоцировать стыд.

- *Финансовое состояние*
  У вас имеются те или иные убеждения относительно денег и финансового благополучия. Культурная среда навязывает идею, что счастье зависит от величины банковского счета. Мнение о несоответствии финансовому идеалу провоцирует стыд и сильную тревогу.

- *Работа и карьера*
  Вы можете стыдиться работы, отсутствия карьерного роста и соответствующих амбиций. Общество играет важную роль в формировании такого

стыда и связанной с ним тревоги. Но в последнее время в социальной среде наблюдаются серьезные перемены. Профессии стремительно устаревают, появляются новые специальности, и людям приходится осваивать их самостоятельно. В цифровую эпоху все меняется со скоростью света, а количество информации растет день ото дня. Сегодня мы можем назвать успешными тех, кто мыслит гибко и готов подстраиваться под обстоятельства. Так, блогер, киберспортсмен, стример сегодня стали полноценными профессиями, хотя еще вчера никто не воспринимал эти занятия всерьез. Современный мир сложно назвать стабильным и предсказуемым. Теперь человек за свою жизнь меняет несколько профессий, чего нельзя сказать о людях прошлого столетия, всю жизнь посвящавших одному делу. В таких условиях стыд просто неуместен. Стоит принять правила игры, которых, по сути, нет, и быть гибким и адаптивным.

- *Зависимости*
  Вы можете стыдиться зависимости и из-за нее считать себя хуже других. Такой стыд вызывает сильную тревогу. Он способен заставить вас смириться с проблемами, отчаяться, избегать общества, не искать помощи и тем самым вредить себе. Но зависимости, как и прочие заболевания, не делают вас хуже. Вам нечего стыдиться. В аналогичную ситуацию попадают миллионы людей во всем мире. Если вы признаете проблему и бросите силы на ее лечение, высока вероятность, что у вас получится справиться с зависимостями.

- ***Привычки в питании***
  Культура ЗОЖ — «чистой», правильной и органической еды — заставила многих людей пересмотреть свой рацион. В погоне за одобрением вы могли отказаться от привычного полноценного питания. Безглютеновые и безлактозные продукты стали невероятно популярны даже у тех, кто не имеет проблем со здоровьем. Детокс и суперфуды стали атрибутом жизни человека, который заботится о собственном здоровье. Глядя на все это, вы могли испытывать стыд и тревогу из-за своего несоответствия продуктовой моде. Общество навязывает стандарты в разных сферах жизни, а в данном случае «залезает» к нам в тарелки. Но, как мы говорили выше, люди ошибаются. То, что подходит другому человеку, может не подойти вам. И это нормально. Вы не должны стыдиться привычного питания. В надежде получить чужое одобрение вам необязательно следовать продуктовой моде.

- ***Здоровье***
  Обществом культивируется физическое и душевное здоровье. Все, что выходит за рамки условной нормы, порицается. Если вы имеете те или иные проблемы со здоровьем, то могли столкнуться со стыдом и тревогой из-за этого. Но подумайте: нужно ли стыдиться того, что в большей степени от вас не зависит? И знают ли другие люди, через что вам приходится проходить, если вы лечитесь? Вы заслуживаете уважения, а не стыда.

- *Личная жизнь и семья*

Семейное положение — излюбленная тема для стыда в нашем обществе. Если человек холост, он может стыдиться одиночества, ведь принято иметь пару. Если человек в браке, он может стыдиться того, что его партнер недостаточно хорош по сравнению с партнерами друзей и окружающих. Если человек разведен, градус его стыда растет многократно. Разведенные женщины часто подвергаются критике и оскорблениям, особенно если имеют детей. Все это вызывает сильную тревогу. Но мало кто говорит о том, что семья, рождение детей, развод или одиночество являются личным выбором человека. Человек, не имеющий серьезных психоэмоциональных проблем, ориентируется на свои желания. Ему важен собственный комфорт. Он не опирается всецело на стандарты и завышенные требования, которые предъявляет общество.

- *Ориентация*

Ориентация человека по-прежнему определяет отношение других людей. Если вы предпочитаете людей своего пола, из-за страха быть отвергнутым, заклейменным и не принятым вам может быть неловко сообщить об этом семье и друзьям. Вам стыдно перед другими за свой выбор, и это сильно вас тревожит. В этом вопросе важно понимать, что только вы делаете выбор, только вы проживаете вашу жизнь. И главным критерием правильности выбора является ваш комфорт.

Заполнив таблицу, аналогичную табл. 4, вы можете проанализировать, чего вы стыдитесь и как из-за этого у вас возникает сильная тревожность.

Таблица 4. Стыд и тревога

Чего я стыжусь	Что меня тревожит
Здоровье	Не смогу найти партнера из-за проблем со здоровьем; меня отвергнут, едва узнав о диагнозе
Работа	Попал под сокращение, не смогу найти новую работу, останусь без денег
Личная жизнь	У всех есть семья, останусь одиноким и никому не нужным

Что подумают другие?

Стыдясь чего-то, мы думаем о себе негативно, полагаем, будто с нами что-то не так и мы какие-то неправильные. Самочувствие ухудшается, тревога растет. Ваша задача — изменить привычный образ мышления, заменить негативные мысли рациональными и реалистичными. Психолог Натаниэль Бранден* говорил о фразе, которую всегда держал на виду. Эта фраза способна помочь и вам: **«Важно не то, что они подумают. Важно то, что вы знаете»**.

Для вас, как и для многих людей, может быть очень важным то, что о вас подумают. Вместе с чувством стыда такие мысли усиливают тревожность, усугубляют депрессию, портят настроение и еще больше снижают самооценку. Переживания из-за того, что люди подумают, вынуждают вас оправдываться и объясняться, что не всегда нужно. Важно понимать, что так или иначе, но кто-то всегда может что-то подумать. Между тем большинство останутся равнодушными. Ценность постороннего мнения снижается, если вы понимаете, как обстоят дела на самом деле и что произошло или происходит в вашей жизни. Вы могли пережить тяжелый развод, потерять близкого, работу или серьезно заболеть. Здесь нечего стыдиться. Каждый человек проходит через подобное. Но никто никогда не узнает и не сможет

---

* Натаниэль Бранден (1930–2014) — канадско-американский психотерапевт и писатель, работавший в области психологии самооценки. — *Здесь и далее прим. авт.*

до конца понять, что вы чувствовали, как вам было непросто и больно, что вам пришлось преодолеть. Мало кто сможет разделить ваши чувства. Но вам достаточно того, что об этом знаете вы. Вы смогли пережить это. Вы мужественно справились, даже если вам кажется, что это не так. Вы заслуживаете поддержки и сострадания. И что самое главное — вы можете сострадать самому себе.

С помощью аналога табл. 5 проанализируйте то, что вызывает у вас стыд и тревогу, а также найдите слова для собственной поддержки. Ведь только вы знаете, как все было на самом деле. Тренировка научит находить реалистичные ответы.

Таблица 5. Что кроется за стыдом и тревогой

Чего я стыжусь	Что меня тревожит	Что я знаю
Здоровье	Не смогу найти партнера из-за проблем со здоровьем; меня отвергнут, едва узнав о диагнозе	Мне нечего стыдиться, я прошел через сложное лечение, вложил в это много сил и времени и сейчас чувствую себя значительно лучше; я встречаю разных людей, и если появится человек, которому я буду по-настоящему интересен, необязательно, что он отвергнет меня из-за моей болезни; он может уважать мои мужество и силу духа, мои настойчивость и веру в себя

Окончание табл. 5

Чего я стыжусь	Что меня тревожит	Что я знаю
Работа	Попал под сокращение, не смогу найти новую работу, останусь без денег	Мне нечего стыдиться, многие оказывались в подобной ситуации; я сделал все, что мог на тот момент, я смогу поискать новую работу и не сдамся, пока у меня не получится
Личная жизнь	У всех есть семья, останусь одиноким и никому не нужным	Мне нечего стыдиться, все были одинокими, пока не встретили пару; возможно, встречу кого-то в ближайшее время; важно то, будет ли мне хорошо с этим человеком; в одиночестве нет ничего плохого, я свободен и могу посвятить себя карьере и увлечениям

Представления об одиночестве, любви, отношениях и браке

Часто мы не осознаем, что убеждения могут быть навязанными нам извне — неподходящими и разрушительными. Вы можете считать, что быть одиноким плохо и стыдно. Можете думать, что обязательно нужно создать пару, даже если человек вам не очень подходит. Можете верить, что невозможно жить без любви. Можете бояться развода из-за того, что подумают другие.

Однажды я работала с Викой — молодая женщина совсем недавно вышла замуж, чему несказанно радовалась. Но имелась одна неприятность: после замужества Вика начала стремительно набирать вес. После непродолжительной работы у меня стало складываться впечатление, что молодая женщина делала это намеренно. Ранее она не имела проблем с нарушением пищевого поведения. Я поинтересовалась, что для нее означает лишний вес. Вика ответила, что, по ее сведениям, лишний вес мешает забеременеть. Иными словами, моя клиентка очень хотела обладать статусом замужней женщины, но категорически не желала иметь детей. С мужем этот вопрос она не обсуждала, поскольку боялась, что тот осудит ее за обман и бросит. Поэтому Вика неосознанно делала все, чтобы избежать нежелательной беременности.

У Вики, как и у многих других женщин, имелись убеждения относительно того, что должна делать женщина. Эти представления касались брака и детей. Часто бывает, что навязанные извне убеждения мы считаем своими собственными, хотя внутренне активно им сопротивляемся. Чтобы избежать такого диссонанса, следует лучше узнать себя и подвергнуть сомнению имеющиеся представления. Набор веса сверх нормы действительно мешал Вике забеременеть. Чем больше килограммов она набирала, тем настойчивее врач советовал похудеть. Вся семья верила, что у женщины были проблемы со здоровьем, но проблема состояла только в том, что Вика боялась рассказать мужу правду о собственных желаниях.

Какие взгляды на одиночество, отношения, брак и любовь могут усилить тревогу?

- *Вы надеетесь, что отношения спасут от одиночества, избавят от тревоги и проблем.*
  Но забываете, что самочувствие и состояние зависят от ваших мыслей и убеждений, а не от других людей. И пока не измените их, в любые отношения будете входить с этим багажом. Если надеетесь, что кто-то придет и спасет вас от самих себя, сделает счастливым, готовьтесь разочароваться. Хорошее самочувствие, эмоциональное и психологическое благополучие — это только ваша личная забота и ответственность. Отношения, если они окажутся деструктивными, могут лишь усугубить проблемы.

- ***Вы вступаете в отношения с неподходящим человеком и убеждены, что он должен измениться.***
Вам может казаться, что другой человек должен измениться под вас (и ради вас). Такой взгляд свойственен людям, которые негативно относятся к одиночеству и испытывают из-за него сильный стыд и тревогу. Вам может казаться, что любые отношения лучше, чем их отсутствие. Поэтому вы выбираете партнера и относитесь к нему как к полуфабрикату: «Доведу до ума и изменю то, что не нравится». Но у другого человека есть то, что всегда мешает подобной трансформации, — личность. Он тоже делает выбор: быть с вами или нет. Если человек психологически здоров, он не станет меняться вам в угоду. Как и вы не должны меняться в угоду ему. Но можно меняться в угоду самому себе. Вступая в отношения, следует понимать, готовы ли вы к отсутствию желаемых перемен в другом человеке. Сможете ли принять недостатки партнера? Если нет, не стоит надеяться, что вам под силу изменить личность, характер и привычки другого человека.

- ***Вы убеждены, что ваши отношения должны быть лучше, чем у других.***
Вы можете сравнивать свои отношения с отношениями друзей, коллег, знаменитостей и блогеров. И хотеть, чтобы ваша любовь была крепче, а контакт — ближе. Но вы забываете, что того же хотят и остальные. Интернет позволил нам демонстрировать жизнь так, как мы того хотим. Вы выставляете в виртуальное пространство только то, что

показывает вас с лучшей стороны. Так поступают и другие. Желание показать идеальную картинку и быть не хуже других толкает к проживанию иллюзорной жизни. Как все обстоит в реальной жизни сетевых пользователей, не знает никто. Но яркие красочные фото и интересные описания заверяют, что у всех все очень хорошо. Когда мы сравниваем себя с остальными, сравнение часто оказывается не в нашу пользу. И даже если у нас теплые и здоровые отношения с партнером, чужие могут казаться еще лучше. Так появляются сомнения и тревога, связанные с мыслью о том, а достаточно ли мы хороши. Тот ли человек рядом? И почему у кого-то лучше? Но все изменится, если вы измените свой взгляд на вещи. Ваши отношения не должны быть лучше, чем у других. Отношения должны устраивать вас, вам должно быть тепло, уютно и безопасно. Такие нюансы сложно подметить в чужом браке или партнерстве, потому что они связаны с близостью двух людей.

- **_Вы убеждены, что нет ничего хуже одиночества._** Если одиночество кажется ужасным и недопустимым, будет логичным предположить, что вы станете испытывать тревогу всякий раз, когда столкнетесь с ним или даже подумаете о нем. В нашем обществе одиночество расценивается как неприличное и постыдное состояние. Но так ли это на самом деле? Подумайте о том, что каждый из нас был одинок до того, как встретил пару. Вспомните о ситуациях, когда вокруг было много людей, но вы чувствовали себя одиноким. Вы могли испытывать нечто подобное, даже будучи в отношениях. Одиночество — субъективное переживание. Множество людей не состоят в отношениях и не чувствуют себя одинокими. Подобное состояние не вызывает у них тревоги. В то же время существует множество людей, состоящих в отношениях и браке, но чувствующих себя одинокими. Одиночество — это способность оставаться наедине с самим собой и не переживать из-за этого. Если изменится ваша точка зрения, вы поймете, насколько ресурсным может быть состояние одиночества. Появится возможность лучше распоряжаться временем и жизнью, заниматься тем, чем хотите, развиваться и действовать без оглядки на мнение кого-то еще.

- *Разрыв отношений кажется постыдным и напоминает катастрофу.*
Завершение любых отношений может быть болезненным. И состояние ухудшается, если вы имеете деструктивные взгляды на расставание. Например, если разрыв представляется постыдным провалом и неудачей. Тогда тревога будет чрезвычайно высокой. Вы также можете действовать с оглядкой на других людей, бояться осуждения со стороны семьи, коллег или общества. Думать, что скажут другие. Вспоминать нелестные высказывания в адрес разведенных. Но все зависит только от вашего взгляда на ситуацию. Всегда ли расставание — это катастрофа? Если отношения доставляли дискомфорт и переживания, то их завершение возвратит здоровье и душевное благополучие. Расставание

даст возможность встретить того, с кем будет гораздо лучше. В тот или иной момент разрыв переживает каждый из нас. Все получают подобный опыт. Это учит понимать самих себя и собственные потребности, лучше разбираться в других людях. Если прислушаться к себе, принять ситуацию и начать двигаться дальше, расставание, как и одиночество, способно стать ресурсным состоянием.

- *Вы убеждены, что не сможете жить без любви.* Вы можете думать, что жизнь без любви — не жизнь. Для многих такой взгляд становится навязчивой идеей. Одна моя клиентка говорила, что хотела бы уснуть и проснуться только тогда, когда в ее жизни появится любовь. До этого момента ее жизнь якобы не будет иметь смысла.

Вот что на этот счет думает психолог Альберт Эллис: «Что значит, вы не можете жить без любви? Что за ерунда! Любовь в жизни встречается слишком редко, чтобы можно было безрассудно тратить время на то, чтобы оплакивать ее отсутствие, вещь вполне обычную, нагоняя на себя тоску! Вы живете под властью слова надо. Кончайте себя им гипнотизировать!»*

Действительно, любовь, вопреки нашим представлениям, сформированным мелодрамами и постановочными фото из социальных сетей, вещь достаточно редкая. Именно поэтому она была и остается предметом обсуждений,

---

* Цитата приводится по книге: Селигман М. Как научиться оптимизму. Измените взгляд на мир и на свою жизнь. — М.: Альпина Паблишер, 2020.

предпочтительной темой фильмов и книг. О ней говорят, пишут, ее ищут. Многие люди подразумевают под любовью то, что ею не является, терпят боль и страдания. Кто-то даже расстается с жизнью. Страдание и боль имеют малое отношение к настоящей любви. Ценность этого чувства в том, что оно редко. Вы способны счастливо жить и без любви. Ваша жизнь может быть яркой, наполненной и насыщенной. Когда вы лучше узнаете самого себя, проникнетесь к себе глубокой симпатией, то сможете полюбить себя. Понять, как хорошо, что у вас есть вы. Только в таком состоянии вы сможете открыться миру и оценить то замечательное, что есть в вашей жизни.

Отношение к прошлым ошибкам и неудачам

Елена длительное время состояла в токсичных отношениях, в которых присутствовало психологическое и эмоциональное насилие*. Женщина не сразу поняла, что их нельзя было назвать здоровыми. Разрыв дался ей с трудом, и даже после — в течение нескольких лет — Елена отказывалась вступать в отношения с кем-то еще. Женщина была убеждена, что, единожды попав в абьюзивные отношения, она всегда станет оказываться только в похожих. Из-за таких представлений и страха Елена начала настороженно оценивать мужчин, пытаясь заметить малейшие признаки неуважения и опасности.

Пережив тяжелый опыт, многие из нас склонны распространять его и на дальнейшую жизнь. Подобные впечатления невероятно болезненны. Но они, как и любые другие, позволяют нам получить урок, приобрести новые знания, начать лучше разбираться в себе и других. Пережив что-то неприятное или потерпев неудачу, вы способны совершить только одну ошибку: приобрести черно-белый взгляд на жизнь. Если мы станем рассматривать любую неудачу как катастрофу, то перестанем

---

* Автор книги разделяет понятия психологического и эмоционального насилия, хотя данный тип абьюза выделяется как нефизический, нематериальный тип агрессии.

действовать. Елена пережила мучительный опыт и вынесла урок о том, что не стоит доверять мужчинам. Женщина приобрела предубеждение, что и дальше у нее будут только подобные отношения, поэтому таковых стоит вообще избегать. Но есть ли еще что-то, что можно вынести из подобного опыта? Взгляд Елены изменился, когда она поняла, что этот опыт научил ее лучше разбираться в людях. Она узнала себя, свои потребности и границы. Сформулировала для себя, что для нее приемлемо в отношениях с мужчиной, а что нет. Тогда женщина стала вовремя отсеивать неподходящих мужчин, для чего ей хватало доверительного общения. Елена стала больше полагаться на интуицию, перестав путать желания со страхами.

Вы можете по-разному интерпретировать собственный опыт. Если умеете анализировать и смотрите на мир реалистично, вкупе с ошибками он поможет лучше действовать в будущем. Если вы пережили неудачу, это скажет лишь о том, что стоит разобраться, почему это произошло и что необходимо изменить. Такой взгляд поможет снизить тревогу, ведь неудачи и промахи — это не катастрофа. Вы сумеете использовать опыт, чтобы улучшить свою жизнь.

«Неудачник» — это не приговор

Если вы склонны связывать неудачи с особенностями своей личности, вам стоит пересмотреть эти взгляды. Думали ли вы когда-нибудь, что плохое происходит из-за вас, что вы всегда делаете что-то, что приводит к неудачам и ошибкам?

Вы можете думать, что притягиваете к себе неприятности. Можете считать себя жертвой. Елена считала, что всегда будет вызывать интерес у тех, кто способен причинить вред. Пришло время взглянуть на ситуацию иначе. Подумайте: разве кто-то может родится неудачником? Может ли быть «неудачник» диагнозом? Или же в разные моменты жизни в разных ситуациях каждый способен либо достичь успеха, либо потерпеть неудачу? Каждый может встретить опасных людей. Каждый может столкнуться с несправедливостью. Никому не по силам всегда делать только верные шаги, всегда быть успешным и не ошибаться. Мы по-разному смотрим и на то, что такое успех и неудачи. Кто-то может потерять крупную компанию и расценить это как неизбежный риск. Кто-то может переживать из-за того, что завял любимый цветок.

Если вам свойственно черно-белое мышление и стремление вешать на себя ярлыки, вы можете чрезмерно раздувать поражения и неудачи и приуменьшать или вообще не замечать собственных успехов и побед.

Представления о жизни и успехе

Как-то я наткнулась на один пост в социальной сети. Это был крик души девушки. Она писала о том, как устала от бесконечного множества требований к людям в современном мире. У нее складывалось впечатление, что общество помешалось на достижениях. Нужно быть лучше других, достигать более высокого уровня потребления. Всегда и везде успевать. «Быть лучшей версией себя». Мы принимаем данное послание и делаем его ложной ценностью. Но что представляет собой идея о том, что нужно обязательно и во всем достигать успеха? Не напоминает ли она рассмотренное выше деструктивное убеждение, приводящее к высокой тревожности? Мир очень сложный и разнообразный. Люди не могут хотеть одних и тех же вещей. У всех разные здоровье, характер и темперамент. Разные жизненный опыт и задатки. Разные типы психики. Один человек не способен быть успешным абсолютно во всем. Больше того, он, вполне вероятно, этого и не хочет. Повсеместная успешность вообще может не являться его ценностью. И это нормально. Мы очень трудно принимаем различия. Но кто-то мечтает быть библиотекарем, кто-то не хочет заводить детей, а кто-то желает иметь большую семью или яхту.

Сладко спать и вкусно есть

Девушка, чьи мысли я цитировала выше, также заявила, что ей нравится сладко спать, вкусно есть и много путешествовать. У нее была любимая работа, которая давала возможность делать все вышеперечисленное. Однако имелась одна существенная проблема — девушке было стыдно перед другими. За то, что жила так, как хотелось. За то, что не соответствовала стандартам. И правда. Что подумают другие? Стыд несоответствия многим мешает жить так, как хочется. Девушка не хотела прыгать выше головы. Ей не нужны были вещи, желаемые многими. Соревнования за самого лучшего мужчину, самых умных и талантливых детей, самую лучшую органическую еду, самую идеальную физическую форму, самый роскошный отпуск и комфортабельный автомобиль совершенно не интересны многим из нас. Но не все готовы сознаться в этом даже самим себе. В погоне за навязанными идеалами и тем, «что подумают люди», мы забываем о самом главном — жить так, как комфортно нам самим. И наслаждаться жизнью. Ощущение гармонии и счастья является такой же целью, как и более осязаемые материальные достижения. И если кто-то создал жизнь, комфортную только для него, наслаждается ею, вкусно ест и сладко спит, какая разница, насколько он успешен в представлении большинства?

Что нужно делать, чтобы стать тревожным

Подытожим все, о чем говорили ранее, и составим чек-лист тревожного человека. Что следует делать и о чем следует думать, чтобы развить у себя повышенную тревожность?

Стремитесь быть лучшим всегда и во всем

Перфекционизм — наше все! Если вы хотите заработать высокую тревожность, нужно стремиться стать самым первым — номером один в профессии, личной жизни или Вселенной. Это самый эффективный способ заполучить вожделенное эмоциональное выгорание, психосоматические проблемы или путевку к психотерапевту (а может, даже и к психиатру).

Ставьте работу выше семьи, отношений и близких

Эти люди справятся и без вас. Деньги и карьерный рост важнее всего. Также важно, что о вас думают на работе. Уделяйте работе все свое время. Вряд ли она вас когда-нибудь отблагодарит, зато начальник мимоходом похвалит и даже даст премию, которую можно потратить на новую покупку. И дети оценят детство без общения с родителями.

Будьте всегда и во всем правым

Разве кто-то может знать что-то лучше вас? Разве такой важный человек, как вы, может ошибаться? Если кто-то посмел усомниться, сделайте все, чтобы доказать обратное.

Контролируйте все, что только можно

Не вздумайте ложиться спать, пока не будете точно знать, где лучше купить страховку в следующем году. А что там написали в родительском или рабочем чате? Проверьте прямо посреди ночи. Позвоните днем раз десять жене, мужу или детям. «Большой Брат» обязан следить за всеми. На работе лучше подумать о том, не подорожает ли к осени шиномонтаж. Это важно.

Каждая минута вашей жизни должна быть наполнена глубочайшим смыслом

Вы не имеете права бездельничать и лениться. Даже когда работа сделана. Даже в выходной. Как лениться, когда предстоит столько дел? Если дел нет, придумайте и сделайте. Занимайте каждую минуту. Белка в колесе — молодец, она занимается спортом.

Супергерои вообще не отдыхают. На то они и великие.

Мыслить глобально: либо все, либо ничего

Зачем довольствоваться малым? Либо все, либо ничего. Либо неудачник, либо победитель. Либо черное, либо белое. Машина? Самая лучшая. Пусть не по карману, зато все соседи будут завидовать. Искать работу со скромным стартом? Не для того вас мама родила! Ищите сразу то, что начинается на «топ-» и имеет множество нулей в зарплате. Мир должен вас оценить.

Пусть вашим лучшим другом станет слово «должен»

Должны все. Родители детям. Дети родителям. Что значит «не хочу»? Что значит «не нравится»? Страдай, но делай. Все так живут. Если никто никому ничего не должен, мир рухнет. И вообще, это чистый эгоизм.

Разбазаривайте энергию

Это лучший способ быстрее заработать болячки, стресс и множество психологических проблем.

Чтобы стать тревожным, беспокойным и несчастным, нужно целенаправленно мыслить и действовать определенным образом. Существуют ошибки мышления и деструктивные убеждения, которые оказываются тираничными и нежизнеспособными. Если человек не меняет взгляды, а продолжает требовать от себя, мира и людей чего-то, это приводит к разочарованию, психоэмоциональным проблемам и недовольству жизнью. Стремление к идеалу во всем, игнорирование близких и семьи, черно-белое мышление, желание во всем и всегда быть правым — эффективные способы приобрести множество проблем с тревожностью.

Осознанность

Невозможно справиться с тревожностью и не изменить свою личность. Когда я работала над этой книгой, была уверена, что пишу ее о тревоге и о том, как с ней справиться. На самом деле эта книга о том, как измениться внутренне. Если вы начали отслеживать негативные мысли, менять свои убеждения, принимать эмоции и сомневаться, вы на правильном пути. И в награду за старания вы получите не только избавление от мучающей тревоги. Вы получите нечто большее. В этой части мы поговорим о том, какими личностными качествами обладают все спокойные, благополучные и психологически здоровые люди. Эти качества личности плохо совместимы с повышенной тревожностью. Профессор Джон Кабат-Зинн* выделяет семь важных качеств, которые необходимо развивать, чтобы жить в мире и гармонии с самим собой.

---

* Джон Кабат-Зинн (род. в 1944 г.) — доктор в области молекулярной биологии, профессор медицины, основатель Клиники работы со стрессом Медицинского центра Университета Массачусетса.

Безоценочность

Представьте, что наблюдаете за всем, что происходит в вашей жизни, но не оцениваете это. Что происходит, то происходит. Представьте себя незаинтересованным наблюдателем. Вы смотрите, принимаете и позволяете этому быть. Тревога? Тревога. Ни хорошо, ни плохо. Она просто есть.

Терпение

Это способность справляться с трудностями, сохраняя спокойствие и самообладание. Терпение требует уверенности, а также доброты и сострадания к себе. Чтобы научиться терпению, необходимо научиться осознавать нетерпение. Нетерпение — это любой импульс, мысль или склонность к тому, чтобы быстрее пережить какой-то момент и двинуться дальше. Нетерпение — это состояние, когда мы хотим, чтобы все было не так, как есть в настоящий момент.

Ум новичка

Уму новичка стоит поучиться у детей. Для них многие вещи в новинку, дети каждое мгновение проживают с неподдельным любопытством и даже восторгом. Ум новичка — это способность в каждый момент времени быть открытым к переживаниям. Все происходящее — уникальный и драгоценный опыт. Каждый закат особенный. Каждый разговор уникален. Даже если все это доступно каждый день.

Доверие

Это навык доверять себе и собственным чувствам. И с этим у многих имеются сложности. Доверие — это умение слышать себя. Смотреть на мир своими глазами, не поддаваясь чужому мнению. Доверие — это знание, что только вы лучше всех знаете самого себя. Никто не может стать вами и почувствовать то, что чувствуете вы. А значит, то, что чувствуете вы, правильно и приемлемо.

Антисуета

Суета — это характерная черта нашего времени. Даже когда у вас, казалось бы, нет никаких дел, ваш разум считает иначе. Вы все время хотите что-то делать, куда-то идти. Вы боитесь что-то упустить, недоработать, не доделать, опоздать. Так формируется привычка активно действовать, даже если это не нужно. Кто и зачем подталкивает вас к активным и энергичным действиям? Чей голос говорит, что вы должны что-то успеть? Хотите ли вы и дальше пытаться быть кем-то другим или пора прислушаться к себе и стать самим собой?

Принятие

Это способность видеть вещи такими, какие они есть на самом деле, а не такими, какими мы хотели бы их видеть. Принятие — это избавление от борьбы и отрицания. Прекратив отрицать то, что есть, вы освобождаете колоссальное количество энергии. Принятие не равно симпатии или смирению, пассивности. Это не значит, что нужно изображать удовлетворение от того, что не нравится. Это просто готовность видеть вещи такими, какие они есть в данный момент времени.

Отпускание

Порой единственный способ избавиться от чего-то — позволить этому быть. Позвольте быть переживаниям, не старайтесь вмешиваться или контролировать. Позвольте быть мыслям. Отпуская, вы можете заметить, то есть осознать, что ваши мысли и чувства — это не вы. Тревога и волнение — это не вы. Это лишь временные состояния, которые, как волны, то прибывают, то убывают. Когда вы пытаетесь контролировать мысли или чувства, вы погружаетесь в них. Начинаете думать, что мысли и переживания — это и есть вы. Если же вы позволите этому быть, то окажетесь как бы в стороне, в позиции наблюдателя.

Избавление от чрезмерной тревоги — это прежде всего результат внутренних изменений, приобретения новых личностных качеств. Семь личностных характеристик плохо совместимы с тревожностью: безоценочность, терпение, ум новичка, принятие, отпускание, доверие и антисуета. Меняя свой взгляд на мир, вы меняетесь сами, становитесь спокойным, благополучным и гармоничным человеком.

Развивайте осознанность, чтобы справиться с тревожностью

В середине прошлого столетия клиническая психология и психиатрия заинтересовались восточными духовными практиками. Техники осознанности имеют богатую историю и берут начало в буддизме и других восточных традициях. С 1970-х гг. специалисты разрабатывали концепции и техники терапии, основанные на практике осознанности. Это направление получило название Mindfulness.

> Mindfulness (осознанность) — это психологический процесс сосредоточения внимания на том, что происходит в настоящий момент.

Медитация получила научное обоснование. Пионером развития и внедрения в общество программ осознанности стал профессор медицины Джон Кабат-Зинн. Кабат-Зинн, американский биолог и ученый, проходил обучение у дзен-буддистов. Его практики йоги и занятия способствовали интеграции восточных учений в научные разработки. Кабат-Зинн взял из буддистских практик самое лучшее, убрал религиозные аспекты и запустил программы в школах, тюрьмах, больницах и др.

Сегодня многие крупнейшие корпорации мира работают, применяя подход Mindfulness.

Как осознанность помогает справляться с тревогой

Множество вещей в нашей жизни мы делаем словно на автопилоте, поскольку привыкаем к одним и тем же мыслям и поведению. Эволюционно мы запрограммированы таким образом, чтобы приобретать навыки и выполнять их автоматически, освободив сознание. Но такой автоматический режим часто выходит боком. Из буддистского учения следует, что мы «спим». И техники осознанности — это пробуждение, способ справиться с «блуждающим умом».

> Осознанность — это способность находиться в состоянии «здесь и сейчас». Это сосредоточенность на настоящем, без мыслей о прошлом или будущем. Без страха, тревоги и беспокойства. Это сфокусированность на том, что человек чувствует в данный момент.

Беспокойство и тревога направлены в будущее, поэтому тревожная личность все время обдумывает, что может случиться. Человек в депрессии подавлен и находится в некоем «бульоне» негативных мыслей, чувств и переживаний. Он погружен в прошлое. Так или иначе, беспокойство о будущем или чрезмерные размышления о прошлом омрачают настоящее. Тяжело жить с постоянной тревогой о том, что может случиться что-то плохое. Тяжело жить в сожалениях о том, что уже случилось.

Развитие осознанности — это навык переключать внимание на настоящее, не думать о возможных будущих «катастрофах» и не вспоминать о «непоправимых» прошлых ошибках.

Говоря об осознанности, мы отдаем первостепенную роль вниманию. Тренировка последнего позволит научиться переключаться, расслабляться и эффективно справляться с тревогой и стрессом.

Управляйте своим вниманием

Если внимание целиком фокусируется на мыслях, обдумывании одних и тех же вещей, попытках найти ответы, задавая себе бесконечные вопросы, то это прямой путь к неприятным переживаниям, тревоге и беспокойству. Людям с давних времен известно, как важно управлять вниманием, чтобы контролировать настроение и самочувствие. Вы не можете координировать мысли, но способны управлять вниманием.

Есть два способа тренировки внимания: телесно-фокусированный и направленный на осознание привычек мышления (метаосознанность).

Телесно-фокусированный способ

Он пришел из буддистских практик. Медитирующий сосредотачивает внимание на дыхании. Дыхание в данном случае служит якорем для внимания. Перенося внимание с мыслей на дыхание, вы учитесь контролируемому переключению и расслаблению. Телесно-фокусированный способ удобен тем, что для его реализации не нужно ничего, кроме дыхания. Не нужно даже медитировать в привычном понимании этой практики: изыскивать время и сидеть в укромном месте с закрытыми глазами. Не нужно по-особенному дышать. Этот способ прост: вы просто дышите. Вы можете практиковать его где угодно и в любое время.

Сосредоточьте внимание на дыхании. Дышите естественно. Посмотрите, как поднимается грудная клетка или живот, когда вы дышите. Как вы вдыхаете и как выдыхаете — через рот или нос? Наблюдайте за вдохом и выдохом. Если внимание рассеивается и вы отвлекаетесь на мысли и переживания, отметьте это и верните его на дыхание. Не пытайтесь контролировать, подавлять или игнорировать мысли. Отмечайте их присутствие, но сосредоточьте все внимание на дыхании. В данный момент вы отдаете приоритет дыханию. Раз за разом возвращайте внимание на дыхание.

Такая практика тренирует внимание, учит контролировать его. Вы перестаете фокусироваться на тревожных мыслях, поскольку внимание не может концентрироваться одновременно на разных вещах. Внимание подобно мышце. Со временем тренировка научит вас успокаиваться в любом месте и при любых обстоятельствах. Будет похоже на медитацию на ходу, где бы вы ни находились. Все нужное будет с собой.

Многие люди не до конца понимают практическую значимость медитации, имеют завышенные ожидания в отношении нее и недостаток информации. Медитация учит сосредотачиваться на том, что происходит «здесь и сейчас», то есть управлять вниманием. Сама по себе практика не избавляет от тревоги, не делает человека спокойным и счастливым. Спокойствие и счастье — это результат умения переключаться, фокусироваться на настоящем моменте, расслабляться. Научившись управлять вниманием, вы сможете отпускать свои неприятные мысли и переживания.

Метаосознанность

Этот способ направлен на осознание привычек мышления. Метаосознанность — это способность отделить свое «я» от мыслей. Это позиция наблюдателя, о которой так много говорится в восточных практиках. Вы не просто мыслите, вы наблюдаете за своими мыслями. В части о мышлении речь шла о том, как часто вы приравниваете мысли к реальности. Это настолько распространено, что многие убеждены, будто те всегда отражают действительность.

Михаила часто посещали негативные мысли. Он мог обдумывать аварию со своим участием, воображать сцены собственной гибели. Мужчина считал, что раз это приходит ему в голову, это может быть правдой, предсказанием. Сам факт появления подобных мыслей являлся для него доказательством вероятности таких случаев. Не подвергая сомнению свои мысли, Михаил убеждался, что ему угрожает опасность.

Если вам, как и Михаилу, приходят в голову пугающие и неприятные мысли, вы можете быть склонны верить им, видеть в них знаки или возможное будущее. Важно разорвать слияние мыслей с реальностью. Для этого стоит научиться метаосознанности, то есть наблюдению за своими мыслями как за событиями, происходящими в голове.

Вы можете осознавать свое мышление, думать о своих мыслях.

Метаосознанность позволяет рассматривать мысли как уличный шум — то, что звучит фоном. При этом вы четко и ясно осознаете себя сторонним наблюдателем. Такая позиция позволяет вам понять безвредность собственных мыслей. Мысль — это некое событие, которое происходит в голове, не более того. Вы способны отделять свое «я» от мыслей и просто наблюдать за ними.

Для тренировки метаосознанности существуют различные техники. Все они основаны на управлении вниманием. Если у вас возникают повторяющиеся негативные мысли или образы, представьте себе их в виде надоевшего знакомого, соседа или родственника, который очень хочет, чтобы на него обратили внимание.

Он (мысль) приходит снова и снова, но вы ему не рады. Если будете уделять такому знакомому много внимания, он никогда не уйдет.

Намеков этот человек тоже не понимает, и выгнать его не получится. Тогда поставьте стул — пусть сидит и разговаривает сам с собой, а вы будете заниматься своими делами. Он способен болтать странные или смешные вещи. Даже пугать и угрожать. Может показаться, что он немного не в себе. Просто наблюдайте, вам не нужно ничего делать с тем, что он говорит или советует. Перенесите внимание на то, что для вас действительно важно. Пусть знакомый станет фоновым шумом, как телевизор. Если на появление такого воображаемого надоевшего знакомого вы научитесь реагировать в духе «ну вот, опять он здесь», это значит, что у вас получилось отделить мысли от собственного «я», не смешивать их с реальностью и не погружаться в них. Когда знакомому надоест, он уйдет сам. Просто наблюдайте за происходящим, осознавая себя как наблюдателя.

Мысли — результат активности мозга. Чтобы осознавать их и себя как наблюдателя, вы можете управлять вниманием.

Вы не можете управлять мыслями, но вы можете управлять вниманием. Тренируйте его, учитесь переключать на важные вещи и фокусироваться на настоящем моменте. Внимание не может одновременно быть в разных местах. Вы либо концентрируетесь на мыслях и переживаниях, либо сосредотачиваетесь на «здесь и сейчас». Существует два способа тренировки внимания: телесно-фокусированный и метаосознанность.

Сострадание

Когда вы охвачены тревогой и беспокойством, вас одолевают страхи и негативные мысли, вы можете относиться к себе не самым лучшим образом. Если вы не принимаете свои эмоции, то склонны винить себя за то, что испытываете их. Вы можете ненавидеть себя за страхи, сомнения и тревогу. Клиенты часто спрашивают меня, как же все-таки полюбить себя. В нашей культуре «любовь к себе» ассоциируется с решением всех проблем. Я предлагаю начать путь не с любви к самому себе, а с сострадания. Сострадание — важный элемент психологического благополучия. Как часто мы думаем о себе жестоко, обвиняем себя, критикуем, виним, стыдим. Вы можете заболеть, но заставить себя делать дела по дому или поехать с температурой на работу. Вам не хватает доброжелательности и сострадания по отношению к самому себе.

Вы можете думать, что излишняя забота о себе является проявлением эгоизма. Это не так. Сострадание — это то, что помогает преодолевать трудности, заряжаться, приобретать второе дыхание.

Вспомните любой эпизод из жизни, когда вам было плохо, больно или одиноко и находился кто-то, близкий или посторонний, кто нашел время, чтобы просто выслушать, побыть рядом. Вспомните это чувство, когда эмоционально вы находились на самом дне, но одно слово поддержки дало надежду. Если что-то подобное происходило, значит, вы пережили опыт доброжелательности и сострадания по отношению к себе. Важнейшая задача — стать таким сострадательным человеком для самого себя. Вот еще один пример сострадания. Представьте себе близкого друга, ребенка, жену или мужа или любого другого человека, к которому испытываете симпатию или теплые чувства. Что бы вы сделали, если бы этот кто-то заболел, расстроился, оказался в подавленном состоянии или был сломлен? Наверняка вы постарались бы его утешить, подбодрить, поддержать или помочь. Вы нашли бы слова, время и силы, чтобы быть рядом. Такое сострадательное отношение мы испытываем и к совершенно посторонним людям, нуждающимся в помощи или поддержке. Вы можете быть сострадательным и к самому себе. Забота и доброжелательность по отношению к самому себе снижают тревожность на уровне головного мозга*.

Мы проявляем сострадание тогда, когда хотим помочь себе, а не навредить. Отнеситесь к себе с теплом и пониманием — как к любимому вами человеку.

Развивайте сострадание по отношению к самому себе:

- начните относиться к себе как к лучшему другу (даже если пока это не так);

- заботьтесь о себе и своем теле;

- поддержите себя в трудные времена;

---

* Weng, H. Y., Lapate, R. C., Stodola, D. E., Rogers, G. M. & Davidson, R. J. (2018). "Visual attention to suffering after compassion training is associated with decreased amygdala responses." *Frontiers in Psychology*, 9, 771.

- хвалите себя за достижения и успехи, даже если они кажутся незначительными;
- отдыхайте, когда устали, ешьте, когда голодны;
- примите собственные эмоции, не стыдитесь их;
- отнеситесь с пониманием и терпением к своим уму и мыслям, даже если те негативные;
- будьте благодарны телу за страхи и тревогу, поскольку оно пытается защитить вас, пусть и от мнимой опасности;
- откажитесь от намеренного сознательного самобичевания и самокритики.

Сострадание — это не эгоизм и не зацикленность на себе. Это то, что необходимо каждому из нас. Сострадая себе и проявляя к себе участие и заботу, вы наполняете себя «топливом», как автомобиль. Отдохнувший, довольный и спокойный, вы эффективны. Вы лучше работаете, располагаете силами для общения с другими людьми. Ощущение благополучия и спокойствие ослабляют вашу тревогу.

Стремитесь к состраданию и заботе о себе. Сострадание не связано с эгоизмом. Чтобы быть спокойным и продуктивным, вам необходимо подзаряжать внутреннюю батарейку. Доброжелательное отношение к самому себе снижает тревогу на уровне головного мозга.

Работайте с самооценкой, чтобы избежать депрессии и справиться с тревожностью

Отец когнитивной психологии, выдающийся психиатр Аарон Бек* большую часть жизни исследовал депрессию. Он заметил, что у большинства людей в таком состоянии наблюдается тревожность, и наоборот, у людей с тревожностью развивается депрессия. Бек предположил, что это происходит из-за того, что и при депрессии, и при тревожности у человека нарушена самооценка. В случае депрессии самооценка уже пострадала. Это выражается в упаднических и безысходных мыслях о себе и о будущем. Человек в депрессии не видит смысла в существовании, уверен, что в будущем его не ждет ничего хорошего, и считает себя плохим. Он избирательно, в соответствии со своей самооценкой, объясняет события. У людей с проблемами тревожности самооценка еще не пострадала так сильно. Охваченный тревогой человек пока еще не видит себя

---

*   Аарон Темкин-Бек (род. в 1921 г.) — американский психотерапевт, профессор психиатрии Пенсильванского университета, создатель когнитивной психотерапии, одного из направлений когнитивно-поведенческой терапии; является признанным специалистом по лечению депрессии.

бесполезным, неадекватным, глупым. Но он опасается, что в будущем все это может произойти. При общении с другими страдающий от депрессии будет думать: «Со мной что-то не так. Они видят, какой я никчемный, бесполезный, ненужный и т. д.». Человек, охваченный тревогой, подумает: «Если я сейчас выскажу свое мнение, все могут решить, что я тупой».

Тревожные люди боятся того, что может произойти. Они подозрительны и беспокойны. С теми, кто находится в депрессии, все это уже случилось, и они думают о повторении неприятных событий. Аарон Бек просил испытуемых представлять самое худшее, что с ними может произойти в разных ситуациях. В исследовании принимали участие люди в депрессии и люди с высокой тревожностью. Первые при вопросе, какой будет самая худшая ситуация, если вы потеряете деньги или работу, видели себя нищими и в канаве. Вторые тоже видели себя в канаве, однако в такой исход верило всего 40% тревожных людей. Испытуемые с депрессией были убеждены в этом на 100%.

Чтобы справиться с высокой тревожностью и предотвратить депрессию, важно уделять внимание самооценке. Здоровая самооценка поможет избежать психологических и эмоциональных проблем.

Об этом в своей книге «Шесть столпов самооценки»* пишет психолог Натаниэль Бранден: «Если отрешиться от нарушений биологического характера, я не представляю ни единой психологической проблемы, которая бы не уходила корнями (по крайней мере, частично)

---

* Бранден Н. Шесть столпов самооценки. — М.: Манн, Иванов и Фербер, 2018.

в проблему низкой самооценки. Именно последней вызваны тревожность, депрессии, "недостаточные" успехи в учебе и в делах, боязнь человеческой близости, счастья; пристрастие к алкоголю и наркотикам, семейное насилие, созависимость и сексуальные расстройства, пассивность, хроническое отсутствие жизненной цели и даже самоубийство».

Здоровая самооценка — ключ к благополучной и счастливой жизни. Какие шаги нужно предпринять, чтобы повысить самооценку и сделать ее здоровой?

- Учитесь доверять себе и своему выбору и нести за это ответственность.

- Не оглядывайтесь на других. Сравнение с другими не помогает вам и лишь вредит самооценке.

- Работайте с негативными мыслями.

- Занимайтесь делом, которое вам по душе или в котором вы можете достичь определенного уровня мастерства. Маленькие успехи будут повышать вашу самооценку.

- Будьте твердо уверены, что достойны счастья, любви, уважения и т. д. Если вы не уверены в этом, работайте со своими убеждениями и негативными мыслями.

- Откажитесь от избегающего поведения, учитесь смотреть страхам в лицо.

- Откажитесь от деструктивного поведения, работайте над зависимостями.

- Откажитесь от самокритики и самобичевания, учитесь состраданию и доброжелательности по отношению к себе.

- Не терпите неуважения и унизительного отношения к себе со стороны других людей.

- Включите в свою жизнь физическую нагрузку и активность, которая вам по душе: спорт, фитнес, танцы, йогу, ходьбу, бег и т. д.

- Учитесь отличать факты от мыслей и воображения и смотрите на реально происходящее. Придется отказаться от иллюзий, и это может быть болезненно.

- Будьте открыты новому.

От проблем с тревожностью и депрессией помогает здоровая самооценка. По наблюдениям специалистов, у людей в депрессии наблюдается низкая самооценка, поэтому они видят мир и себя в мрачных тонах, не видят будущего. Люди с высокой тревожностью имеют проблемы с самооценкой, и ее ухудшение грозит психологическими и эмоциональными проблемами. Работайте над своей самооценкой, чтобы справиться с тревогой.

Примите жизнь со стрессом, тревогой и проблемами

Принятие — одно из важных качеств, которые необходимо развивать в себе. О радикальном принятии как о важном терапевтическом приеме заговорила известный специалист Марша Линехан*. Сегодня эта женщина является ведущим мировым психологом, разработавшим диалектико-бихевиоральную терапию.

История самой Линехан наполнена болью, отчаянием и борьбой. В подростковом возрасте Марша, выдающийся специалист по лечению пограничного расстройства личности, неоднократно пыталась свести счеты с жизнью. Ей был поставлен диагноз «шизофрения». Ее лечили электрошоковой терапией и даже помещали в изолятор в отделении для тяжелобольных. Единственное, что оставалось Марше Линехан, — молиться. Она проводила много часов в молитве, прося Бога помочь ей. И однажды испытала то, что назвала «радикальным принятием». «Я была в аду. И я поклялась себе: когда я выберусь, я вернусь и вытащу отсюда остальных».

Марша приняла себя, свою болезнь, свое состояние, свои эмоции. Она приняла свою боль. И с этого момента смогла жить нормальной жизнью.

---

* Марша Линехан (род. в 1943 г.) — американский психолог, профессор психологии, адъюнкт-профессор психиатрии и поведенческих наук в Вашингтонском университете; создатель диалектической поведенческой терапии.

Что такое принятие? Это значит сказать «да» реальности, какой бы она ни была. Это сказать «да» прошлому и настоящему. Это принятие несправедливости, боли и того, что кажется неприемлемым.

Принятие не учит вас любить то, что ненавистно. Принятие не означает, что вы одобряете это. Принятие не связано с симпатией к тому, что вам не нравится. Это значит лишь то, что у вас нет другого выбора. Сейчас. Когда вы боретесь с реальностью, с фактами, вы ничего не меняете. Борьба влияет только на степень вашего страдания.

Принятие — это значит принять свои эмоции. Боль, гнев, ненависть, злость, разочарование, страх, бессилие. Пережить их сложно, но переживание эмоций и делает нас людьми. Рано или поздно боль утихнет, эмоции утихнут. Ваше эмоциональное и психологическое здоровье в ваших руках. Вам нужно принятие, а не борьба.

Почему принятие — это очень важно

Непринятие чего-то связано с нашими убеждениями, особенно с долженствованием. Вы можете говорить себе и другим: «Так не должно быть!» Непринятие всегда связано с несоответствием реальности вашим ожиданиям. Психологические и эмоциональные проблемы начинаются тогда, когда вы не меняете свои ожидания, а пытаетесь менять реальность, воевать с ней. Когда вы говорите «Так не должно быть», вы не принимаете ситуацию или обстоятельства. И не понимаете самого главного — у всего есть причина.

Все имеет свою причину

У всего есть причина. Об этом говорил даже Будда. Представьте себе трагическую ситуацию. Самолет упал. Вы говорите: «Так не должно было быть!» Вы не понимаете причин и не принимаете ситуацию. Но если вы узнаете причины, то скажете: «Так должно было случиться». Двигатель мог быть неисправен, стояла плохая погода, пилот мог устать, потому что работал без выходных. Могли возникнуть другие помехи и сложности. Все в совокупности привело к тому, к чему привело. Не стоит искать мистику и винить судьбу. У всего есть причина.

Если вы продолжаете говорить: «Так не должно быть!», значит, вы не просто не принимаете ситуацию. Вы делаете то, что приведет вас к страданиям и проблемам, — боретесь с реальностью (и неизменно проигрываете). Чтобы не случилось печального события, требовались другие вводные. Следовало вмешаться. Потребовать, чтобы авиакомпании чаще проверяли воздушные суда. Позвонить пилоту и узнать, как его самочувствие. Предложить ему лечь спать пораньше. По различным причинам случилось так, как случилось. Потому что на то были причины. Вы можете применить установку к себе и проанализировать, что вам трудно принять. С чем вы боретесь? Чему сопротивляетесь? Подумайте, какие причины у происшедшего события. Почему так случилось? Важно помнить, что страдание — это боль плюс непринятие реальности. Чтобы научиться принятию, важно сказать: «Все так, как должно быть».

Прислушайтесь к словам Марши Линехан: «Сначала вы пытаетесь понять, из-за чего это случилось. И как только вы обнаруживаете это, вы сразу понимаете, что то, что случилось, должно было произойти. Принятие — это все о слове "ДА". Это "да" реальности; это "да" настоящему моменту; это "да" только тому, что есть».

Принятие и другие способы решения проблем

Есть ли еще что-то кроме принятия? Психолог Марша Линехан указывает еще на три возможных варианта. Осознание и понимание этих способов может помочь избавиться от тревоги. Все мы решаем проблемы одним из четырех способов. Выбор зависит от множества факторов и личности самого человека.

Первый способ: вы можете решить проблему. Вы можете найти выход. Изменить то, что не нравится. Уйти из нездоровых отношений, уволиться с тяжелой, неприятной или бесперспективной работы и т. д.

Второй способ: вы можете поменять свои чувства по отношению к этой проблеме. Некоторые люди способны превратить негативные и тяжелые жизненные события если не в позитивные, то в нейтральные. Можно изменить свои мысли и чувства и посмотреть на проблему под другим углом.

Третий способ: вы можете принять это. Не меняя отношения, можно принять проблему. Она по-прежнему будет не нравиться и причинять дискомфорт. Но порой, чтобы выжить в трудных условиях, нужно прибегнуть к принятию. Это не значит, что вам все понравится. Это значит, что на текущий момент это наилучший выход из положения.

Четвертый способ: вы можете оставаться несчастным. Это последний вариант. Не принимать, не менять отношение и не решать проблему. А ежедневно страдать и быть недовольным, причиняя себе новую боль и новый дискомфорт. Страдание — это боль плюс непринятие ситуации.

Какой способ выберете вы?

Часть 5

Техники

Для нормализации тревожного состояния существуют различные техники. В этой части будут описаны дыхательные практики, даны рекомендации для самостоятельной работы. Помните, что важен комплексный подход. Необходимо работать с тревожными мыслями и беспокойством, корректировать старые убеждения, устранять неэффективные модели поведения и работать с эмоциями. Воздействовать на встревоженный ум можно разными способами. Здоровые способы успокоения и релаксации возможны через тело: с помощью посильной и комфортной физической нагрузки, пеших прогулок и через дыхание.

Техника 1

Работа с дыханием

Дыхание тесно связано с работой нервной системы. Вдох связан с активизацией симпатической нервной системы, которая ответственна за повышение пульса, давления и возникновение стресса. Выдох активизирует парасимпатическую нервную систему, которая ответственна за процессы торможения и расслабления. Иными словами, выдох влияет на частоту пульса — удары замедляются.

Выдыхайте

Неравномерное дыхание, короткие и неполные выдохи создают предпосылки для усиления стресса и нарушения процессов расслабления. Чем равномернее вдох и выдох, тем равномернее протекают процессы возбуждения и торможения.

Как успокоиться

Нервную систему способны успокоить дыхательные техники. Зная об этом, вы можете использовать некоторые техники, чтобы помочь самому себе. Когда вы испытываете стресс или тревогу, когда вам страшно или не по себе, вы словно сжимаетесь в комочек. Плечи поднимаются, шея втягивается в туловище, спина округляется. Эту позу сложно спутать с какой-то другой. Вы сразу заметите такого человека. Интересно, что такую же позу принимают многие люди, сидя за компьютером или держа смартфон в руках.

Первое, что следует сделать, чтобы изменить эмоциональное состояние, — это изменить позу. Поднимите плечи, отведите их назад и опустите. Затем раскройте диафрагму.

Дыхание

- Сделайте глубокий вдох (5 с).
- Задержите дыхание (5 с).
- Выдохните (5 с).
- Задержите дыхание (5 с).

Важно максимально выдыхать весь воздух из легких. Если вам пока сложно поддерживать длительность вдоха, выдоха и задержки в 5 с, сократите интервалы до 2–3 с. Почувствуйте, как ваши легкие полностью наполняются и полностью опустошаются. Сохраняйте подобный ритм дыхания в течение нескольких минут. Когда освоитесь с дыханием, сделайте такое выражение лица, словно вы увидели кого-то, кого сильно любите или кому рады.

Улыбнитесь.

Продолжайте дышать в таком ритме с улыбкой на лице какое-то время. Что вы сейчас чувствуете?

Техника 2
Перестаньте себя накручивать

«Перестань себя накручивать» входит в топ советов от близких, друзей и разных мимо проходящих. Мощнее этой рекомендации может быть разве что «Не грусти» и «Перестань себя жалеть». И хотя в трудной ситуации эти советы не помогают человеку, сами по себе они верны. Под «накручиванием себя» и склонностью к грусти может скрываться привычка думать таким образом, который причиняет вам беспокойство или страдание. Под «накручиванием себя» подразумевается привычная ошибка мышления, свойственная беспокоящимся людям и усиливающая их беспокойство. Вы привыкаете предсказывать только плохое, при этом из вашего поля зрения выпадают все нейтральные или позитивные варианты. Накручивание себя — не что иное, как уже знакомая вам ошибка мышления под названием катастрофизация.

Чтобы изменить эту привычку, следует научиться: 1) замечать, когда из мухи делаете слона; 2) придумывать другие, не только негативные варианты развития событий.

Когда начинается привычное накручивание себя и из мухи вот-вот будет сделан слон, следует придумать три варианта развития событий. Этими вариантами будут самый худший, самый лучший и самый вероятный.

С помощью аналога табл. 6 вы можете не только предположить другие варианты развития событий, но и впоследствии сравнить предсказания с результатом. Опишите в первой колонке беспокоящую ситуацию, во второй отразите результат ваших привычных катастрофических размышлений и прогнозов. В третью колонку внесите альтернативные варианты развития событий, в четвертую — то, что произошло в реальности.

Таблица 6. Предсказание

Ситуация	Самый худший исход, который вы привычно предполагаете	Другие варианты развития событий (позитивный и нейтральный)	Что произошло на самом деле (результат)
Муж не берет трубку	Случилось что-то плохое, супруг попал в аварию	После рабочего дня телефон может остаться на беззвучном режиме, или муж заехал в супермаркет, оставив телефон в машине; супругу сейчас неудобно разговаривать	Телефон забыт на работе
Дочь не хочет ходить в дорогостоящую спортивную секцию, на которую потрачено много средств и времени	Дочь станет бездельничать, свяжется с плохой компанией; все мысли будут о мальчиках, школьная успеваемость снизится, и ребенок не поступит в институт	Дочь уже не маленькая, она личность и способна самостоятельно выбирать себе хобби и спортивные занятия; возможно, дочь хочет сменить секцию, а может, отдохнуть, поскольку в школе очень высокая нагрузка	Дочь перешла в другую секцию и стала заниматься тем, что действительно интересно

Окончание табл. 6

Ситуация	Самый худший исход, который вы привычно предполагаете	Другие варианты развития событий (позитивный и нейтральный)	Что произошло на самом деле (результат)
Переезд в другой город	Мне придется расстаться с молодым человеком; не найду работу, у меня не будет друзей. У меня ничего не получится, я не справлюсь. Останусь совсем одна, без денег и помощи	Какое-то время мне придется привыкать к новому месту. Я смогу найти простую работу, а дальше будет видно. Со временем все уладится. В крайнем случае, вернусь обратно	С молодым человеком пришлось расстаться, он не захотел переезжать вместе со мной, но работу, причем неплохую, удалось найти довольно быстро. Летом в местном парке собираются девушки и бесплатно занимаются йогой. Я нашла компанию

Так вы научитесь рассматривать все возможные варианты развития событий, а также сравнивать прогнозы с тем, как все обстоит на самом деле. Это поможет избавиться от катастрофического мышления.

Техника 3

Задавайте себе вопросы, чтобы справиться с тревогой

Если вы устали от тревоги, самое время начать задавать себе вопросы. Зная о том, как работает мозг при чрезмерной тревоге, вы можете научиться вовремя отслеживать свои мысли и поступки. Вопросы помогут вам разобраться, на что следует обратить внимание, а что не так важно.

- Замечаю ли я вокруг только негатив?

- Рассматриваю ли я всю информацию или сразу ищу негатив?

- Негатив, который я ищу, реален или это лишь мои мысли?

- Есть ли реальная проблема?

- То, о чем я думаю, происходит в реальности или только в моем воображении?

- Пытаюсь ли я предсказать или предвидеть будущее, не зная, что произойдет на самом деле?

- Часто ли подтверждались мои прошлые негативные предсказания?

- Все было настолько страшно, как я думал(а)?

- Удавалось ли мне справиться с ситуацией в прошлом?

- Буду ли я думать об этом через месяц, полгода, год?

Эти вопросы помогают лучше разобраться в том, что происходит. Вы учитесь работать со своим беспокойным умом, анализировать, отличать реальность от разыгравшегося воображения. Вопросы также помогут вам понять, как обстояли дела в прошлом, сбывались ли негативные предсказания.

Техника 4

Перетерпите тревогу

Представьте, что вы выходите утром на работу и спускаетесь в метро. Произошла аварийная ситуация, и поезд задерживается. Проходит пара минут, затем десять, и вот вы уже стоите на переполненной платформе, где в ожидании толпится половина города. Вам становится некомфортно. Мало места, мало свежего воздуха. Все толкаются. Кругом уставшие, хмурые и недовольные лица. Вы чувствуете волнение, вас захватывают различные мысли. Вас беспокоит множество вещей: случившаяся аварийная ситуация с поездом, большое скопление людей в закрытом пространстве, возможные опасности, давка и теснота. Вас беспокоит, доедете ли вы вовремя на работу. В конечном итоге вас одолевает тревога. Поезд прибывает, и толпа стремится попасть в вагон. Вы зажаты и растеряны. Вы кое-как попадаете в поезд, но не можете справиться с тревогой и выходите на следующей станции, решая добраться до работы другим способом.

Жизнь сложная и неопределенная, и множество ситуаций способны провоцировать беспокойство и тревогу. Если вы привыкли к стратегии избегания, то стремитесь не допустить или минимизировать любое ощущение дискомфорта и тревоги. Вас может пугать само чувство тревоги, и вы всеми силами пытаетесь с ним не сталкиваться. Нежелание терпеть тревогу, вырабатывать к ней психологический «иммунитет» и привычка к избеганию сложных ситуаций только усугубляют проблему. Тревога может иметь разную интенсивность, быть неприятной, а обстоятельства, которые ее вызывают, казаться опасными. Но тревогу можно перетерпеть. Навык принятия помогает выработать к ней устойчивость. Попытки сознательно ослабить или прекратить тревогу обречены на провал. Но, воспринимая ее как временное состояние дискомфорта, можно продолжать делать работу и повседневные дела даже в состоянии тревоги. Рано или поздно она пройдет.

Заключение

Человечество научилось побеждать смертельные болезни, которые еще сто лет назад уносили множество жизней. Жизнь стала комфортнее, безопаснее. Появились удобства. Люди заговорили не о насущных проблемах, а о вопросах личного комфорта, о собственных чувствах, переживаниях, желаниях и предназначении. Нашими проблемами стали стресс, тревога и неприятные эмоции. Для предков подобные ощущения были не отдельной проблемой, а вполне реальной «сигнализацией» об опасности: чужак мог напасть, сосед — забрать женщину, за проступок выгоняли из племени, открытые пространства внушали ужас. Сегодня мы мечтаем о лишенной тревог, стресса и волнений жизни. Нас тяготят чувства и эмоции. И это выросло в большую проблему. Но нет ли противоречия? Стремясь к спокойной и даже безэмоциональной жизни, мы, вероятно, стремимся к отсутствию всякой жизни. Смысл существования, по определению многих, — это всегда хорошее самочувствие, счастье и идеальная жизнь. Но возможно ли такое в принципе? Жизнь состоит из множества оттенков, добрую половину которых мы почему-то не хотим воспринимать. Не бывает встреч без расставаний, обретения смысла без потери иллюзий, побед без поражений. Нужно ли искать легкий путь и избегать дискомфорта, когда трудности являются неотъемлемой частью человеческой истории? Существовало бы сегодня человечество, если бы люди всегда жили без тревоги и стресса?

Не стоит стремиться к тому, чтобы полностью избавиться от тревоги. Стоит стремиться к тому, чтобы научиться жить полноценной жизнью и действовать даже при наличии тревоги.

Список литературы

Бранден Н. Шесть столпов самооценки. — М.: Манн, Иванов и Фербер, 2018.

Брэнтли Дж. Успокойте свой встревоженный ум. Как осознанность и сострадание могут избавить вас от тревоги, страха и паники. — СПб.: ИГ «Весь», 2019.

Кабат-Зинн Дж. Куда бы ты ни шел — ты уже там: Медитация полноты осознания в повседневной жизни / Пер. с англ. Белобородовой. — М.: Независимая фирма «Класс», Издательство Трансперсонального института, 2001.

Кларк Д. А., Бек А. Т. Тревога и беспокойство: когнитивно-поведенческий подход. — СПб: ООО «Диалектика», 2020.

Линехан (Линехан) М. М. Когнитивно-поведенческая терапия пограничного расстройства личности. — М.: ООО «И.Д. Вильямс», 2008.

Лихи Р. Свобода от тревоги. Справься с тревогой, пока она не расправилась с тобой. — СПб.: Питер, 2018.

Лихи Р. Терапия эмоциональных схем. — СПб.: Питер, 2019.

Маккей М., Скин М., Фаннинг П. Когнитивно-поведенческая терапия для преодоления тревожности, страха, беспокойства и паники. — СПб.: ИГ «Весь», 2019.

Хорни К. Невроз и личностный рост. Борьба за самореализацию. — СПб.: Питер, 2019.

Эллис А. Психотренинг по методу Альберта Эллиса. — СПб.: Питер Ком, 1999.

Beck, A., Freeman, A. (1990). *Cognitive Therapy of Personality Disorders*. Guilford Press.

Diagnostic and statistical manual of mental disorders: DSM-5. 5th ed. (2013). American Psychiatric Association.

Grupe, D. W., Nitschke, J. B. (2013). "Uncertainty and anticipation in anxiety: an integrated neurobiological and psychological perspective." *Nature Reviews Neuroscience*, 14 (7), 488–501.

Hayes, S. C. (2002). "Buddhism and acceptance and commitment therapy." *Cognitive and Behavioral Practice*, 9, 58–66.

Hayes, S. C., Strosahl, K. D., & Wilson, K. G. (2012). *Acceptance and commitment therapy: The process and practice of mindful change*. 2nd ed. Guilford Press.

Horney, K. (1950). *Neurosis and Human Growth: The Struggle Toward Self-Realization*. N.Y.: W. W. Norton & Co.

Jacobi, F., et al. (2014). "Twelve-month prevalence, comorbidity and correlates of mental disorders in Germany: the Mental Health Module of the German Health Interview and Examination Survey for Adults (DEGS1-MH)." *International Journal of Methods in Psychiatric Research*, 23 (3), 304–319.

Linehan, M. (2016). "DBT: Where We Were, Where We Are and Where Are We Going." Allen L. Edwards Psychology

Lectures. University of Washington, April 20. Seattle, WA.

Noyes, R. Jr. (2001). "Comorbidity in Generalized Anxiety Disorder." *Psychiatric Clinics of North America,* March 1, 41–55.

Watson, J. B., and Rayner, R. (1920). "Conditioned emotional reactions." *Journal of Experimental Psychology,* 3 (1), 1–14. https://psychclassics.yorku.ca/Watson/emotion.htm.

Wells, A. (2009). *Metacognitive Therapy for Anxiety and Depression.* Guilford Press.

World Health Organization. (2017). Depression and other common mental disorders: global health estimates.

Анна Погребняк

Тирания тревоги

Как избавиться от тревожности и беспокойства

Главный редактор *С. Турко*
Руководитель проекта *О. Равданис*
Корректор *О. Улантикова*
Компьютерная верстка *М. Поташкин*
Дизайн макета и обложки *Ю. Буга*

Подписано в печать 25.06.2020. Формат 60×90/16.
Бумага офсетная № 1. Печать офсетная.
Объем 9,5 печ. л. Тираж 2000 экз. Заказ №   .

ООО «Альпина Паблишер»
123060, Москва, а/я 28
Тел. +7 (495) 980-53-54
www.alpina.ru
e-mail: info@alpina.ru

Отпечатано с готовых файлов заказчика
в АО «Первая Образцовая типография»,
филиал «УЛЬЯНОВСКИЙ ДОМ ПЕЧАТИ»
432980, Россия, г. Ульяновск, ул. Гончарова, 14